# A ESSÊNCIA DOS
# Anjos

**EDITORA AFILIADA**

# Os Objetivos, a Filosofia e a Missão da Editora Martin Claret

O principal Objetivo da MARTIN CLARET é continuar a desenvolver uma grande e poderosa empresa editorial brasileira, para melhor servir a seus leitores.

A Filosofia de trabalho da MARTIN CLARET consiste em criar, inovar, produzir e distribuir, sinergicamente, livros da melhor qualidade editorial e gráfica, para o maior número de leitores e por um preço economicamente acessível.

A Missão da MARTIN CLARET é conscientizar e motivar as pessoas a desenvolver e utilizar o seu pleno potencial espiritual, mental, emocional e social.

A MARTIN CLARET está empenhada em contribuir para a difusão da educação e da cultura, por meio da democratização do livro, usando todos os canais ortodoxos e heterodoxos de comercialização.

A MARTIN CLARET, em sua missão empresarial, acredita na verdadeira função do livro: o livro muda as pessoas.

A MARTIN CLARET, em sua vocação educacional, deseja, por meio do livro, claretizar, otimizar e iluminar a vida das pessoas.

Revolucione-se: leia mais para ser mais!

Coleção Pensamentos e Textos de Sabedoria

# A ESSÊNCIA DOS
# Anjos

## A ESSÊNCIA DA SABEDORIA DOS GRANDES GÊNIOS DE TODOS OS TEMPOS

MARTIN CLARET

**A ARTE DE VIVER**

# Créditos

© *Copyright* Editora Martin Claret, 2005

**IDEALIZAÇÃO E COORDENAÇÃO**
Martin Claret

**CAPA**
*A Anunciação* (1476/78),
Leonardo da Vinci
(Ver pág. 125)

**MIOLO**
Revisão
*Jacqueline Mendes Fontes*

Direção de Arte
*José Duarte T. de Castro*

Digitação
*Conceição A. Gatti Leonardo*

Editoração Eletrônica
*Editora Martin Claret*

Fotolitos da Capa
*OESP*

Papel
*Off-Set, 70g/m²*

Impressão e Acabamento
*Paulus Gráfica*

**EDITORA MARTIN CLARET LTDA.**
R. Alegrete, 62 – Bairro Sumaré – São Paulo-SP
CEP: 01254-010 - Tel.: (11) 3672-8144 – Fax: (11) 3673-7146
**www.martinclaret.com.br**

Agradecemos a todos os nossos amigos e colaboradores — pessoas físicas e jurídicas — que deram as condições para que fosse possível a publicação deste livro.

Este livro foi impresso na primavera de 2005.

## A ARTE DE VIVER

# Seja Profeta de Si Mesmo

*"A função derradeira das profecias não é a de predizer o futuro, mas a de construí-lo."*

## Somos criaturas programáveis

Caro leitor: não é por acaso que você está lendo este livro-clipping. Nada acontece por acaso. Tudo acontece por uma causa.

Possivelmente a causa de você o estar lendo, seja a sua vontade de obter mais informações, ou expandir a sua consciência. A causa, também, pode ser a força da minha mentalização.

Cientistas, antropólogos, psicólogos e educadores têm afirmado que o ser humano é uma criatura culturalmente programada e programável.

Eis aí uma grande verdade.

## Seu *Hardware* e seu *Software*

Nosso cérebro e nosso sistema nervoso — o nosso hardware *(a máquina)* — é mais ou menos igual em todas as pessoas. A grande diferença que faz a diferença é o que está gravado ou programado no cérebro, isto é, o nosso software *(o programa)*.

Explicando de uma maneira extremamente simplificada, você tem três tipos de programação: 1ª- a programação genética (o instinto); 2ª- a programação sócio-cultural (família, amigos, escola, trabalho, líderes espirituais e políticos, livros, cinema, TVs, etc.); 3ª- a autoprogramação ou a programação feita por você em você mesmo.

Na primeira programação você não tem nenhum controle; na segunda, tem controle parcial; e na terceira programação você tem controle total.

É fundamental que você saiba, conscientemente, controlar o terceiro tipo de programação, ou seja, a autoprogramação.

## Um método de autoprogramação humana

Todos os livros-clippings da coleção Pensamentos de Sabedoria foram construídos para conduzir você a se autoprogramar para um estado de ser positivo, realístico e eficiente.

Depois de longa pesquisa e vivência — análise e intuição — concluí que há, e sempre houve, um método simples e seguro de autoprogramação.

As informações adquiridas através da leitura de "historinhas", parábolas, fábulas, metáforas, aforismos, máximas, pensamentos, etc., podem, eventualmente, atingir seu subconsciente sem passar pelo crivo do consciente analítico e bloqueador. Esta prática permite, sem grande esforço, implantar em seu sistema automático perseguidor de objetivos, uma programação incrivelmente poderosa e geradora de ação.

Sabemos — o grande objetivo da educação não é apenas o saber, mas a ação.

*Um dos maiores Mestres de nosso tempo e um gênio na Arte de Viver, formalizou, com incrível simplicidade, este princípio, quando ensinou: "Pedi e vos será dado; buscai e achareis; batei e vos será aberto. Pois todo o que pede, recebe; o que busca, acha; e ao que bate, se abrirá."*

*Hoje, em plena era da informática com a conseqüente revolução da comunicação, estamos compreendendo esses eficientes recursos que temos inerentemente dentro de nós.*

## Um livro "vivo" e motivador

*A coleção* Pensamentos de Sabedoria *foi idealizada e construída para nos programar (autoprogramar) para a plenitude da vida. São 72 volumes de 112/128 páginas, no formato de bolso 11,5 x 18 cm com textos essencializados, de alta qualidade gráfica, periodicidade mensal, baixo custo e distribuição a nível nacional.*

*Este livro começa onde o leitor o abrir. Ele não tem início nem fim. Pode continuar na nossa imaginação.*

*A essência da sabedoria dos grandes mestres espirituais, líderes políticos, educadores, filósofos, cientistas e empreendedores está aqui reunida de uma maneira compacta e didaticamente apresentada.*

*Buscamos a popularização do livro.*

*A foto e o pequeno perfil biográfico do autor de cada pensamento têm a função de facilitar a visualização do leitor. As "historinhas", ou "cápsulas" de informação, estão apresentadas com extrema concisão. As principais emoções e os mais importantes assuntos do conhecimento humano, bem como a vida de personalidades imortais, es-*

*tão presentes nos 72 volumes. Cada título da coleção Pensamentos de Sabedoria é um livro "vivo", motivador e transformador. Oferecemos o livroterapia.*

## Uma paixão invencível

*Minha permanente paixão cultural (já o disse em outros trabalhos) é ajudar as pessoas a se auto-ajudarem. Acredito ser esta minha principal vocação e missão. Quero "claretizar" as pessoas, ou seja, orientá-las no sentido de que vivam plenamente e tenham uma visão univérsica do mundo. Que sejam e que vivam harmonizadamente polarizadas.*

*Você tem o poder de genializar-se.*

*Este é o meu convite e o meu desafio lançado a você, leitor. Participe do "Projeto Sabedoria" e seja uma pessoa cosmo-pensante e auto-realizada.*

*"Pensar que É faz realmente SER".*

*Leitor amigo: vamos, juntos, construir uma poderosa força sinérgica para o nosso desenvolvimento pessoal e para o desenvolvimento de todas as pessoas de boa vontade.*

*Comece rompendo seus limites, modelando os grandes gênios. Visualize-se como já sendo "um vencedor do mundo".*

*Seja profeta de si mesmo.*

MARTIN CLARET
Editor

## A ARTE DE VIVER

HUBERTO ROHDEN
- Filósofo e educador brasileiro. Nasceu na cidade de Tubarão, Santa Catarina. Escreveu cerca de 50 obras sobre religião, ciência e filosofia.
Em Princeton, conheceu Einstein, quando lançou os alicerces para o movimento mundial da Filosofia Univérsica. É biógrafo de Einstein, Gandhi, Pascal, Jesus de Nazaré, Paulo de Tarso entre outros.
(1893 - 1981).

> "A estratégia de Lúcifer (Anjo negativo) é necessária para testar o homem em evolução, porque sem resistência não há evolução rumo ao Lógos."

**A ARTE DE VIVER**

# Anjo — Verbete Extraído da Enciclopédia Mirador

**E**timologia. No grego clássico, o termo *ággelos* tinha o significado de "mensageiro" razão pela qual os tradutores da Septuaginta (LXX) utilizaram a palavra para traduzir o hebraico *malakl*, cujo significado primário era o mesmo. No entanto, o termo bíblico possuía conteúdo especial, introduzindo-se com esse sentido no grego e, por intermédio deste, no latim eclesiástico, cujo *angelus*, corresponde a uma idéia inexistente no vocábulo usado por Homero e Heródoto. Da forma latina provém o português *anjo*, do séc. XV, precedido de uma forma arcaica *angeo*. Derivado importante para o uso do presente verbete é *angelologia* ou menos adequado, *angeologia*, "tratado sobre anjos", da linguagem religiosa.

2. Com o sentido de criaturas humanas exercendo a função de mensageiros, a palavra aparece algumas vezes na LXX, como em Is 37. 9 "embaixadores", 44.26 profetas Mt 3.1 precursor do Messias, etc. As edições da Bíblia em grego moderno empregam, nesses mesmos lugares, outra palavra.

O uso mais freqüente aplica-se a criaturas já existentes antes da criação do mundo, mas igualmente criadas por Deus, as quais, em ocasiões especiais, servem a Deus entre os homens (Js 5.14; 1 Re 22.19), e destes se distinguem pela superioridade de inteligência, sabedoria e poder (II Sm 14. 17, 20). Alguns críticos julgam ver nessas entidades angelicais resíduo, em Israel, do politeísmo dos povos vizinhos, sobretudo na Pérsia. Os anjos, por natureza invisíveis, aparecem e falam aos homens na forma e linguagem humana (Gn 18.2; 31.11; 19.1; Ju 13.6; Dn 8.15), fazem parte da corte celestial e servem continuamente a Deus (Sl 29.1), guardando entre si graus hierárquicos (Cl 1.16; Ap 5.11).

3. No Novo Testamento as referências aos anjos são menos freqüentes, porque a presença de Jesus Cristo tornou a mediação angelical desnecessária (Hb 1.1-8; 2.5-18 Gl 3.19). Todavia, quando se manifestam, fazem-no com características semelhantes às que tinham no Antigo Testamento, como, por exemplo, quando aparecem, individual ou coletivamente, a Maria, a Zacarias, aos pastores, anunciando-lhes o nascimento de Jesus em Belém, a Pedro ou a Jesus no deserto, depois da tentação (Lc l. 11,26: 2.10; At 5.19: Mt. 4.11). No Novo Testamento, os anjos são sujeitos a Cristo (Ef 1.20-22) e arautos do Evangelho da paz (1 Pe 3.22).

4. Outros exemplos de anjos mencionados no Novo Testamento são, entre muitos: Mt 16.27; 18.10; At 11.15; Hb 1.14. A idéia fundamental que o Novo Testamento comunica ao referir-se à presença dos anjos é a de que eles constituem sinal de uma intervenção direta de Deus para impedir que os acontecimentos na história humana mantenham o curso que haviam tomado. No livro do Apocalipse (cap. 2 e 3) a expressão "anjos das Igrejas" tem sido interpretada de diferentes maneiras: ou como mensageiros envi-

ados pelas respectivas igrejas a João em Patmos, ou como os próprios pastores ou bispos das Igrejas a que João se refere, ou como os anjos protetores dessas igrejas ("anjos de guarda"), ou, finalmente, como figura da realidade secreta da vida escondida em Deus.

5. Da tradição pós-bíblica popular ou rabínica, entre os judeus, e dos comentários da Patrística, surgem idéias estranhas às Escrituras, como, por exemplo, a da divisão hierárquica dos anjos em nove grupos resultantes da soma das cinco supostas classes citadas pelo apóstolo Paulo — virtudes, principados, potestades, dominações e tronos (l Co 15.24; Ef 1.21; Cl 1.16) — e mais os anjos, arcanjos, querubins e serafins. Ao que parece foi Cirilo de Jerusalém o primeiro a introduzir esta concepção da angelologia na teologia cristã do Oriente, seguido no Ocidente, por Gregório Magno. Dante morreu no mesmo engano ("Paradiso" XXVIII 97-129), uma vez que parece ter ignorado que as duas últimas classes jamais aparecem nas Escrituras como seres angelicais.

6. A existência de seres humanos exercendo as funções de mensageiros da divindade aos homens é admitida como realidade em religiões não bíblicas, em alguns casos, como no maometismo, em virtude da influência cristã e judaica, e em outras, sem qualquer relação com a tradição bíblica, como nas antigas mitologias grega e orientais, e em algumas formas do budismo. O Corão é extraordinariamente rico em referências aos anjos.

7. Na arte, os anjos ocupam lugar de relevo, sobretudo nos meios católico-romanos. Quase sempre eles são representados com asas, o que revela influência extrabíblica. No folclore de todos os países cris-

tãos, os anjos estão presentes. Em Portugal, as Ordenações Filipinas mandavam realizar procissão (19 de julho) em louvor do "Anjo da Guarda" "que tem cuidado de nos guardar e defender". A referência de Camões, em *Os Lusíadas* 1572, ao "coro dos anjos que tão longe nos guiou" reflete a crença de que Deus utiliza os anjos também para guiar os homens (Lus. V.60).

**8.** O *Novo Catecismo* (1969) o catecismo holandês para adultos *De Nieuwe katechismus: geloofsverkondigning voor volwassenen* (1966; *O Novo catecismo; pregação da fé para adultos*), sem negar diretamente a existência de anjos (e demônios), apresenta a sua concepção "como elemento peculiar da cultura antiga e como tal, passível de ser alijado da mensagem bíblica ou revelação divina".

(In: *Enciclopédia Mirador Internacional*, Vol. 2, pág. 600/601, Encyclopaedia Britânica do Brasil, São Paulo, 1983.)

## A ARTE DE VIVER

JOÃO PAULO II (Karol Wojtila) - Papa da Igreja Católica eleito em 1978. Fluente em mais de uma dezena de idiomas, o que tem facilitado sua comunicação com as lideranças eclesiásticas de todo o mundo. É líder espiritual de cerca de um bilhão de católicos. Tem personalidade carismática e goza de grande popularidade. Nasceu na Polônia. Já viajou por vários países do mundo, desde que se elegeu Sumo Pontífice. Escreve muito. Já publicou 12 encíclicas, até o momento e, consta que as bulas e cartas papais, sermões e discursos já somam 150 volumes que deixará como legado para a posteridade. (1921 -   ).

**"**

> A nossa fé nos Anjos baseia-se na Palavra de Deus. Se quiséssemos eliminar este ensinamento, teríamos que alterar a própria Escritura Sagrada, pois em vários trechos ela faz referência aos Anjos.

**"**

## A ARTE DE VIVER

# As Origens dos Anjos

Infelizmente a história sobre os anjos é curta. Os gregos, que eram amantes da precisão, os chamavam de DAIMONES (gênio, anjo, ser sobrenatural). Os egípcios os explicaram amplamente e com detalhes, mas tudo foi perdido, queimado na época da ascensão do cristianismo primitivo do Ocidente. Hoje, o pouco que nos resta deriva dos estudos cabalísticos desenvolvidos pelos judeus, que foram os primeiros a acreditar nesta energia. O mundo cabalístico é dividido em quatro hierarquias energéticas: emanação, criação, formação e ação.

*Emanação* é o centro de todas as energias. *Criação* é o tempo e o espaço. *Formação* é o mundo das espécies, das coisas concretas que têm forma definida. *Ação* é a força pela qual cada individualidade criada, age e manifesta vida. Neste livro trataremos da Formação, a terceira categoria, da qual o mundo angelical faz parte.

A palavra hebraica para anjo é *Malakl*, que significa "Mensageiro". As primeiras descrições sobre anjos apareceram no Antigo Testamento. A menção mais antiga de um anjo aparece em Ur, cidade do Oriente Médio, há mais de 4.000 a.C.. Na arte cristã eles apareceram em 312 d.C., introduzidos pelo imperador romano Constantino, que sendo pagão, converteu-se ao cristianismo quando viu uma cruz no céu, antes de uma batalha importante. Em 325 d.C., no Concílio de Nicéia, a crença nos anjos foi considerada dogma da Igreja. Em 343 d.C. foi determinado que reverenciá-los era idolatria e que os anjos hebreus eram demoníacos. Em 787 d.C. no Sétimo Sínodo Ecumênico definiu-se dogma somente em relação aos arcanjos: Miguel, Uriel, Gabriel e Rafael.

São Thomás de Aquino foi um estudioso do assunto. Ele dizia que os anjos são seres cujos corpos e essências, são formados de um tecido da chamada luz astral. Eles se comunicam com os homens através da egrégora, podendo assim assumir formas físicas.

A auréola que circunda a cabeça dos anjos é de origem oriental. Nimbo (do latim *nimbus*), é o nome dado ao disco ou aura parcial que emana da cabeça das divindades. No Egito, a aura da cabeça foi atribuída ao deus solar Rá e mais tarde na Grécia ao deus Apolo. Na iconografia cristã, o nimbo ou diadema é um reflexo da glória celeste e sua origem ou lar, o céu. As asas e halos apareceram no século I. As asas representam a rapidez com que os anjos se locomovem.

O povo judeu quando em cativeiro no Egito, foi santificado pela perseguição. O que eles conheciam sobre os anjos sofreu influências dos egípcios, dos babilônios e dos persas, verificando-se coincidências para os cabalistas. Por exemplo, o que para os hebreus eram "Anjos", para os egípcios eram "Deuses" — a deusa Ísis tem asas...

Encontramos no Panteão Muçulmano a citação sobre Azrael e Djibril e sua correspondência com Rafael e Gabriel.

Os caldeus e outros povos da antigüidade, acreditavam no gênio bom e mau. Os romanos acreditavam nas entidades chamadas "Genius".

Na época em que viveu Jesus, o racionalismo causou algumas diversificações quanto a idéia dos judeus sobre os anjos. Os saduceus negavam a existência dos anjos, os tanseus a aceitavam.

Os escritos essênios, fraternidade da qual Jesus fazia parte, estão repletos de referências angelicais. No Novo Testamento, anjos apareceram nos momentos marcantes da vida de Jesus: nascimento, pregações, martírio e "ressurreição". Depois da ascensão, Jesus foi colocado junto ao Anjo Metatron.

Alguns estudos aceitam a possibilidade dos três Reis Magos serem Anjos materializados. Melchior (Rei da Luz), Baltazar (Rei do Ouro, guardião do tesouro, do incenso e da paz profunda) e Gaspar (o etíope, que entregou a mirra contra a corrupção).

Maria ainda trazia Jesus no ventre, quando foi levada por José para o Egito. Jesus admirava a ciência desse país e isso talvez, aliado ao trabalho de carpinteiro, justifique o cristianismo primitivo, repleto de signos e parábolas.

A tradição católica dividiu os anjos em três grandes hierarquias, subdivididas cada uma em três companhias:

1. **Serafins,** que personificam a caridade divina.
   **Querubins,** que refletem a sabedoria divina.
   **Tronos,** que proclamam a grandeza divina.

2. **Dominações,** que têm o governo geral do universo.
   **Potências,** que protegem as leis do mundo físico e mental.
   **Virtudes,** que promovem prodígios.

**3. Principados,** responsáveis pelos reinos, estados e países.
**Arcanjos,** responsáveis pela transmissão de mensagens importantes.
**Anjos,** que cuidam da segurança dos indivíduos.

Cada uma das hierarquias angelicais é regida por um príncipe e tem correspondência com uma letra do alfabeto hebraico:

**Aleph,** corresponde aos Serafins e o Príncipe é Metatron.
**Beth,** corresponde aos Querubins e o Príncipe é Raziel.
**Ghimel,** corresponde aos Tronos e o Príncipe é Tsaphkiel.
**Daleth,** corresponde às Dominações e o Príncipe é Tsadkiel.
**He,** corresponde às Potências e o Príncipe é Camael.
**Vau,** corresponde às Virtudes e o Príncipe é Raphael.
**Zain,** corresponde aos Principados e o Príncipe é Haniel.
**Heth,** corresponde aos Arcanjos e o Príncipe é Mikael.
**Teth,** corresponde aos Anjos e o Príncipe é Gabriel

No final do renascimento, o tema angelical não atraía mais interesse e o assunto ficou "esquecido" por muitos anos.
Desde 1990, a grande Fraternidade Branca está

limpando o *karma* da humanidade. Como cinqüenta por cento deste *karma* já foi limpo, verificamos o aparecimento dos intermediários entre os anjos e os homens: os gnomos, duendes, silfos, ondinas, fadas e salamandras. São os obreiros de Deus, seres de luz cuja missão é manter a ordem da natureza.

(In: *Anjos Cabalísticos*, Monica Buonfiglio, Oficina Cultural Esotérica, 1993.)

## A ARTE DE VIVER

SANTO AGOSTINHO - Teólogo, filósofo, escritor e bispo da Igreja Católica. Nasceu em Tagaste, Tunísia. Descendente de pai pagão e mãe cristã experimentou, desde cedo, as contradições de seu espírito. Prevalecendo os rogos de sua mãe, converteu-se ao cristianismo. Foi místico e sábio, consagrado pela Igreja Católica com o título de "doutor da graça". Após sua conversão levou uma vida de santidade. Seu dia é comemorado a 28 de agosto. Sua obra-prima: *Cidade de Deus*. (354 d.C. - 430 d.C.).

> **Toda coisa visível neste mundo está sob os cuidados de um Anjo.**

## A ARTE DE VIVER

# Quem São os Anjos?

Como são, que faculdades têm e como atuam esses seres invisíveis?

Apesar da sua grande perfeição, por serem espíritos puros, os anjos são seres criados e, portanto, diferentes de Deus, que é o Espírito Criador a quem servem. Pela mesma razão, não são auto-suficientes, mas dependem, como todas as criaturas, da mão de Deus que lhes deu o ser e os mantém na existência. A sua perfeição e beleza, sendo imensa, é um débil reflexo da infinita perfeição e beleza de Deus.

Como puros espíritos *sem carne e sem ossos* (Lc. 24, 39), não têm tamanho nem forma alguma, porque não têm matéria. São criaturas simples, isto é, não têm *partes* como nós: não são constituídos de um corpo e uma alma, que podem separar-se com a morte, não têm pernas, mãos, rosto; não têm cor nem peso, nem nada que os nossos sentidos, mesmo auxiliados pelos mais poderosos microscópios, sismógrafos ou sensores de qualquer tipo, possam captar.[1]

---

[1] Citando umas palavras de Santo Agostinho, o *Catecismo* afirma: "A palavra Anjo (mensageiro) é designação de um encargo, não de natureza. Se perguntares pela designação da natureza, a resposta será: é um espírito. Se perguntares pelo encargo, é um anjo. É espírito por aquilo que é, enquanto é anjo por aquilo que faz" (Santo Agostinho, *Enarr. in Psal.*, 103, 1, 15; *Catecismo da Igreja Católica*, n.329).

Portanto, é impossível *imaginá-los* com realismo, nem faz muito sentido figurar uma espécie de "matéria mais tênue", uma "fumaça branca", um vago perfume ou uma brisa suave, como o faz um autor moderno renomado pela sua confusão mental: "A face do seu anjo está sempre visível quando você vê o mundo com os olhos belos. Ele é este riacho, os trabalhadores no campo, este céu azul. Aquela velha ponte que nos ajuda a atravessar a água, e que foi colocada aqui por mãos anônimas de legionários romanos, também nesta ponte está a face do seu anjo". Tais sentimentalismos vagos são tão sugestivos como desprovidos de qualquer sentido real.

Os anjos tampouco são uma espécie de "energia", já que todos os tipos de energia estudados pela ciência física pertencem integralmente a este universo material, e os anjos são *imateriais*. Talvez nos ajude pensar que são como a alma humana depois da morte e antes da ressurreição do corpo, com a diferença de que a alma humana se acha incompleta nesse estado e não goza da plenitude de vida dos anjos.

O *Catecismo* explica-nos, em resumo: "Enquanto criaturas puramente *espirituais*, são dotados de inteligência e de vontade; são criaturas pessoais e imortais. Superam em perfeição todas as criaturas visíveis, e disto dá testemunho o fulgor da sua glória".

É precisamente por não serem materiais que os anjos não estão sujeitos ao tempo, ao espaço ou a qualquer fenômeno físico. Não podem decompor-se ou corromper-se, e são portanto *imortais*. Nisto reside, aliás, outra grande diferença com relação a Deus, que é eterno: Deus sempre existiu e sempre existirá, ao passo que os anjos tiveram um começo, quando Deus os criou, mas não terão fim.

Mas que pensar deles, quando os vemos aparecer sob figuras diversas e conversar com os homens em muitas situações? Estiveram à porta do paraíso terreno de espada na mão; foram hóspedes de Abraão; um deles acompanhou o jovem Tobias na sua viagem a Gades e foi seu confidente e conselheiro. Tinham corpo, sem dúvida, mas como? Evidentemente, não era um corpo próprio, mas *extrínseco*, isto é, tiveram que revestir-se dele como quem veste um *smoking* para assistir a uma recepção. Não eram corpos humanos autênticos e não podiam realizar atos vitais como comer, sofrer, crescer. Quando o velho Tobias quer recompensar o companheiro de viagem do seu filho por tudo o que fez pela família, este diz-lhes: *Eu sou o anjo Rafael, um dos sete que assistimos na presença do Senhor [...]. Não temais. Quando eu estava convosco, estava por vontade de Deus: rendei-lhe graças, pois, com cânticos de louvor. Parecia-vos que eu comia e bebia convosco, mas o meu alimento é um manjar invisível e a minha bebida não pode ser vista pelos homens* (Tob 12, 15-20).

Desprovidos de corpo, os anjos não ocupam espaço. No entanto, têm que estar nalgum lugar, pois de outro modo teriam a ubiqüidade de Deus. Ora bem, estão no lugar em que atuam e só nele, ao passo que Deus está em todo o lugar. Para compreendermos isto, pensemos em primeiro lugar que não faz sentido falar em espaço no caso de uma criatura espiritual: só faz sentido falar de espaço, do tamanho de um corpo, do lugar que ocupa, da distância entre ele e outro, ao tratar de entes materiais.

Por outro lado, como é que se dá então a presença *espiritual*? Pensemos num projeto arquitetônico, por exemplo numa casa-padrão de planta simples; esse projeto é uma idéia abstrata, uma representação do espírito. Se nos perguntarmos onde está, responderemos em primeiro lugar que se encontra na inteligência do arquiteto que o concebeu; mas logo veremos que também está presente em diversos outros "lugares", aqueles *onde atuou:* foi esse projeto que orientou a mão do desenhista que fez as plantas, foi por ele que se guiaram os pedreiros, os eletricistas, os encanadores etc.; e é ele, por fim, quem leva um potencial comprador a dizer: "Mas que boa distribuição tem esta casa!", ou então: "Que horror!" Podemos dizer, portanto, que o projeto está presente em todos os lugares onde exerce a sua ação.

Evidentemente, a comparação tem as suas limitações. Os anjos têm Ser próprio, têm personalidade própria e, portanto, uma ação própria. Estão onde *querem* estar. Tal como eles mesmos não podem ser percebidos pelos sentidos, também não se percebe diretamente a sua ação; ela só pode ser detectada a partir dos efeitos que produz, tal como o homem da rua avalia um projeto por meio das casas reais, construídas de acordo com essa concepção.

Se tivermos isto presente, também a maneira como os anjos se movem não apresentará nenhuma dificuldade. Se um anjo em particular assume uma aparência humana, move-se localmente, passo a passo, como um homem; mas se não o assume, como é o normal, está num lugar ou noutro conforme as operações da sua inteligência e da sua vontade, tal como de certa forma "nos movemos" quando deixamos de lado um assunto e passamos a concentrar a nossa atenção em outro. Ou seja, quando muda de operação, move-se com a rapidez e a facilidade com que pensa ou deseja. O arcanjo Gabriel não chegou a Nazaré extenuado nem Rafael se cansou acompanhando Tobias na sua viagem.

(In: *Os Anjos*, Pedro Barreto Celestino, Editora Quadrante, 1994.)

> Sendo espíritos, os anjos se movem como a nossa imaginação, instantaneamente, para perto ou para longe, para o passado, o presente ou o futuro.

*John Ronner*
(Escritor)

**A ARTE DE VIVER**

# Confiança nos Anjos

T em confiança em teu Anjo da Guarda. —Trata-o como a um amigo íntimo, porque de fato o é, e ele saberá prestar-te mil e um serviços nos assuntos ordinários de cada dia.

• Conquista o Anjo da Guarda daquele que queres trazer para o teu apostolado. — É sempre um grande "cúmplice".

• Se tivesses presente o teu Anjo da Guarda e os do teu próximo, evitarias muitas tolices que deslizam em tua conversa.

• Ficas pasmado porque teu Anjo da Guarda te tem prestado serviços patentes. — E não devias pasmar; para isso o colocou o Senhor junto de ti.

• Há nesse ambiente muitas ocasiões de te desviares? — Está certo. Mas, por acaso não há também Anjos da Guarda?

• Recorre a teu Anjo da Guarda, à hora da provação, e ele te protegerá contra o demônio e te dará santas inspirações.

• Com muito gosto cumpririam seu ofício os Santos Anjos da Guarda junto daquela alma que lhes dizia: "Anjos Santos, eu vos invoco, como a Esposa do Cântico dos Cânticos, *ut nuntietis ei quia amore langueo* — para Lhes dizerdes que morro de Amor".

• Sei que te dou uma alegria copiando esta oração aos Santos Anjos da Guarda dos nossos Sacrários:

"Ó Espíritos Angélicos que guardais nossos Tabernáculos, onde repousa o tesouro adorável da Sagrada Eucaristia, defendei-a das profanações e conservai-a para o nosso amor".

• Bebe na fonte límpida dos "Atos dos Apóstolos": no capítulo XII, Pedro, livre da prisão por intervenção dos Anjos, encaminha-se para a casa da mãe de Marcos. — Não querem acreditar na empregadinha que afirma que Pedro está à porta. *Angelus eius est!* — deve ser o Anjo dele!, diziam.

— Olha com que confiança os primeiros cristãos tratavam os seus Anjos.
— E tu?

(In: *Caminho,* Josemaría Escrivá, Editora Quadrante, São Paulo,1968).

## A ARTE DE VIVER

TAGORE (Rabindranath) - Poeta e filósofo indiano. Nasceu em Calcutá. Descendente de uma família tradicional e religiosa, manteve desde a infância, contatos com a concepção panteísta dos *Upanishad*. Fundou uma escola filosófica (Voz Universal) que mais tarde se transformou em Universidade. Em 1913, recebeu o Prêmio Nobel de Literatura, tornando-se mundialmente conhecido. Suas obras constam de trabalhos filosóficos, romances e peças e, mais acentuadamente, poesias. Uma de suas obras poéticas é *Canto do Crepúsculo*.(1861 - 1941).

> *Há uma força invisível, um Anjo que orienta, que, de algum modo, é como um propulsor que nos impele para a frente.*

## A ARTE DE VIVER

# Perguntas e Respostas

### Tirando as dúvidas dos(as) leitores(as)

*Os anjos tem sexo?*
Para a tradição judaica os anjos são do sexo masculino, já para os cristãos eles não possuem sexo. Por serem os anjos pura energia de Luz, acredito que embora não possuam sexo, eles podem assumir a forma humana que desejarem mesmo sendo criaturas celestes.

*2. Podemos invocar mais que um anjo num único pedido?*
Claro que sim. Quando você faz um *"check-up"* médico, e no diagnóstico surge mais de um órgão a ser tratado, é mais do que certo que você irá buscar o especialista para cada área a ser tratada.

O mesmo pode ocorrer neste campo, você pode invocar mais de um anjo num único ritual, sendo que cada qual com a incumbência de ajudá-lo(a) num determinado ponto e juntos facilitarem a realização de um único objetivo. Melhor dizendo, enquanto um anjo elimina as energias negativas que o(a) atrapalham, outro anjo pode estar voltado para outro foco. Se a nossa união faz a força, imagine o que não faz a união dos anjos.

### 3. Os anjos podem interferir em nosso karma[1]?

Eu acredito no destino. Que todos nós, sem exceção tem desde o momento do nascimento toda a sua vida traçada, *"e mais"*, escolhida e determinada por nós mesmos(as). Como também acredito que temos o direito de usar nosso livre-arbítrio na escolha de cumprir ou não nossa missão, de seguir ou não nosso destino. Portanto, se nosso anjo guardião respeita nosso livre-arbítrio, é claro que em momento algum ele venha interferir em nosso *karma*. Agora, ele pode, sim, nos ajudar no cumprimento de nossa missão terrena, sem se opôr em nossas escolhas do caminho a seguir.

### 4. Qualquer pessoa pode enxergar o seu anjo?

O comentário geral é que de toda a população mundial, somente uma minoria teve este privilégio, ou seja, 2% das pessoas conseguiram ver seu anjo. *"É importante ressaltar que as crianças possuem maior capacidade para enxergá-los!"*. Não acredito que *"qualquer"* pessoa veja seu anjo, mas sim, uma pessoa *"especial"*, pura em seus sentimentos.

### 5. É verdade que por magias uma pessoa pode "prender" o anjo da guarda de outra?

É óbvio que não. Sendo os anjos éteres, *"sem consistência"*, como pode alguém aprisioná-los?

---

[1] Karma: causa e efeito, ação e reação. Lei da conseqüência de atos praticados por nós nesta ou noutras vidas. Dívidas que a qualquer momento, mais cedo ou mais tarde têm que ser resgatadas. O karma é o fruto que colhemos de acordo com o nosso plantio (ações boas ou más).

**6. Qual a diferença entre anjo guardião e cabalístico?**

Ao meu ver, anjo guardião é o que nos protege permanentemente e o anjo cabalístico é o que dá reforço a sua proteção quando se faz necessário.

**7. Quando duas pessoas estão em desavença é porque os anjos também não estão em sintonia?**

Provavelmente sim. Mas neste caso ambas estão dando espaço para o gênio contrário[2] atuar.

**8. Porque o anjo permite nos chegar coisas ruins, já que sua missão é nos proteger?**

Não são os anjos que permitem nos chegar coisas ruins e sim nós mesmos(as) que de certa forma estamos dando permissão. Quando tudo que nos acontece *"que julgamos"* de errado e ruim, é necessário darmos uma reavaliada em nossa vida, porque a falha não está na proteção de nosso anjo, e sim, em nós. O erro maior se encontra na forma como estamos agindo e nos conduzindo.

**9. Existem anjos mais poderosos que outros?**

Em se tratando de anjo da guarda, não existe um que seja mais forte e poderoso que outro. Às vezes, uma pessoa tem mais sorte e mais proteção, porque ela dá mais espaço e oportunidade para o seu anjo agir a seu favor, o mais importante é que ela confia na proteção de seu anjo, o que faz com que ele

---

[2] Gênio contrário: Ser que de maneiras diversas nos corrompe, fazendo-nos agir com egoísmo, praticando a maldade, tornando-nos Seres inferiores.

a beneficie muito mais para fazer jus a sua confiança em sua proteção.

### 10. São os anjos que trabalham na telepatia [3] entre uma e outra pessoa?

Os anjos se comunicam entre eles, se pedirmos ao nosso anjo para que ele se comunique com o anjo de alguém, para que haja acordo entre nós, com certeza ele se incumbirá de aproximar-se do anjo desta pessoa para promover o acordo que tanto se deseja. Agora quanto ao fato da telepatia, é algo que não posso afirmar, mas de alguma forma os anjos devem estar no meio dessa transmissão.

### 11. O anjo pode abandonar seu protegido, se este só praticar maldades?

Abandonar não. Mas pode manter-se afastado, já que ele não vibra nessa faixa e não compartilha de nossos erros. Pois, a missão do anjo é acompanhar a evolução do ser humano e harmonizar todo o planeta.

### 12. Pode o anjo determinar a data da realização de nosso desejo?

Tudo me leva a crer que sim, pois a realização deste vai depender muito do nosso merecimento. É bom lembrar, que os anjos nos vigiam e nos protegem, mas também nos vigiam no sentido de observar nossos atos. Billy Graham intitulou seu livro

---

[3] Telepatia: estado que a pessoa se coloca, sem fazer o uso da visão, vê e conhece o que se passa longe; comunicação à distância.

como *Anjos — Os Agentes Secretos de Deus* (uma obra editada pela Record que vale a pena lê-la).

### 13. O anjo da guarda pode optar por nós numa indecisão afetiva?

Claro que não, já que ele respeita o nosso livre-arbítrio.

### 14. Qual o idioma dos anjos?

Alguns autores e estudiosos do assunto, afirmam que a língua dos anjos é a hebraica, já outros acreditam que se dá pela energia de nosso corpo astral, ou seja, a luz que nossa aura irradia.

### 15. Mesmo que eu tome o caminho errado no campo profissional, o meu anjo me ajudará a vencer profissionalmente?

De alguma maneira o anjo procurará colocá-lo(a) no caminho certo, mas é óbvio, que a escolha será exclusivamente sua. E mesmo que esta não seja a certa, acredito que se for para o bem de todos os envolvidos, inclusive o seu, o anjo lhe dará uma força para se sair bem na sua escolha.

### 16. Quando se faz um pedido ao anjo por escrito, o que se deve fazer com o pedido quando se termina o ritual?

Deve-se queimar e assoprá-lo ao tempo. Algumas pessoas tiram cópia e deixam-na guardada para confirmarem futuramente.

### 17. É bom deixar sempre acesa uma vela de 7 dias para o anjo?

Depende unicamente de sua vontade, se isso é

o que manda o seu coração, você deve seguir o seu desejo, mas lembre-se que o importante é manter a luz de seu interior permanentemente acesa.

**18. Pode-se acender a vela para o anjo em qualquer lugar da casa?**

Em qualquer lugar desde que seja seguro, procure apenas evitar de acender no banheiro *(embora seja um lugar da casa como qualquer outro)*, é mais por uma questão de respeito. Veja bem, não é neste local que eliminamos todas as nossas sujeiras e impurezas? Então, com tantos ambientes agradáveis, para que invocar o anjo justamente no banheiro?

**19. É verdade que quando um casal está em briga, é porque os anjos estão de costas um para o outro?**

Você já deve ter ouvido uma pessoa dizer à outra: Desculpe, estou lhe dando as costas. E a outra responder: Anjo não tem costas.

Se acreditarmos nisso, fica impossível acreditar nessa de um anjo dar as costas para outro, não?

Esta briga de virar as costas é mais para ser humano do que para ser celeste.

(In: *SOS dos Anjos - Guardiões e Cabalísticos*, Anngela Druzian, Mystic Space Editora, 1996.)

## A ARTE DE VIVER

SPENSER (Edmund) - Poeta inglês do renascimento. Publicou seu primeiro poema sob o pseudônimo de Colin Clout. Ocupou vários cargos públicos na Irlanda para onde se mudou e viveu até ser expulso por revolucionários irlandeses. Seu longo poema, típico do renascimento, *A Rainha das Fadas* é considerado sua obra-prima. Fez também uma obra política denominada *A Exposição sobre o Estado Atual da Irlanda* no qual propunha soluções para a crise política irlandesa. (1552 - 1599).

> Eles lutam por nós, eles velam por nós e nos guardam devidamente. E seus esquadrões brilhantes se postam à nossa volta. Tudo por amor, sem exigir recompensa.

**A ARTE DE VIVER**

# Meditação do "Minuto Angelical"

Comece fechando os olhos e visualizando a luz dos anjos que o envolvem. Veja como está sentado tranqüilamente à luz desses seres brilhantes. Imagine que está repousando e receptivo às visões e aos sons dos anjos. Acredite na existência deles, visualizando-os como criaturas elevadas com luz ao seu redor. Saiba que eles só estão presentes porque o seu amor e o seu desejo os atraiu. Você ficará realmente espantado com a energia que receberá desse único instante de comunhão com os anjos. Inspire profundamente a luz deles e saiba que eles o cercam por todos os lados — porque é exatamente isso o que eles *fazem*.

Deixe que os anjos eliminem as confusões que se estendem na sua mente feito teias de aranha. Deixe que eles ajudem você a relaxar os músculos. Aceite deles o presente da energia, do poder, do amor, da paz e da felicidade.

Se você está se sentindo sozinho, descanse na luz dos anjos e sinta a proximidade deles. Sinta a presença de Deus no seu interior. Isso acontecerá quando você começar a perceber o amor dos anjos e o companheirismo deles ao seu redor.

Se alguma coisa o perturbou hoje, permita que a luz dos anjos envolva e cure essa mágoa ou desapontamento. Você ficará espantado com a mudança que eles podem provocar na sua atitude. Com fé, sinta como uma suavidade e uma disposição para o perdão passam a envolvê-lo. A harmonia se instalará na sua vida quando você fizer isso.

Se estiver ansioso por causa de algum acontecimento futuro, deixe que a luz dos anjos o ilumine e o deixe repleto da serenidade e da calma de Deus, com a certeza de que sua vida sempre está na mais divina ordem. E com essa garantia, você pode viver o eterno agora.

A presença dos anjos o agasalha e o envolve num suave e protetor manto de paz.

\* \* \*

Reserve um momento todos os dias para "sentir" os anjos na calma dessa breve meditação. Mostre-se disposto a iluminar a sua vida com o amor dos anjos num momento mágico de percepção do céu. Isso pode acontecer a você da mesma maneira como aconteceu comigo. Se tomar essas simples medidas e praticá-las com freqüência, dentro de alguns anos você concluirá que o desejo de comungar com os anjos foi uma das decisões mais brilhantes que tomou na sua vida.

(In: *Como Comunicar-se com os Anjos,* Jane M. Howard, Editora Cultrix, 1996.)

## A ARTE DE VIVER

JOSÉ DA SILVA MARTINS - Escritor e empresário, nascido em Braga (Vila Verde) Portugal. Por vários anos foi Presidente de importante indústria francesa, no Brasil. Está no *Guiness Book*, o livro dos recordes, como o escritor brasileiro mais idoso a publicar seu primeiro livro (*Sabedoria e Felicidade*) aos 84 anos de idade. É pai de quatro filhos internacionalmente famosos. (1898 - ).

> **Tudo o que nos rodeia torna-se anjo ou demônio, dependendo do estado de nossa alma.**

## A ARTE DE VIVER

# Anjos Através dos Tempos

Como ondas quebrando-se através da história, a presença dos anjos na nossa vida tem avançado e se aprofundado através dos encontros celestiais de homens e mulheres corajosos e da lenta e paciente construção de conhecimentos que eles foram capazes de conservar e transmitir às gerações posteriores.

Abigrael nos diz que atualmente estamos diante da terceira grande onda de anjos. A primeira foi nos tempos bíblicos, quando eles apareciam apenas ocasionalmente para profetas ou patriarcas. A segunda ocorreu durante o período medieval, e eles apareceram principalmente para santos e videntes. A terceira onda começou a formar-se nos séculos XVIII e XIX. É agora, nesta terceira onda, que os anjos estão entrando em contato com cada um de nós. Eles estão visitando poetas, artistas e, cada vez com maior freqüência, pessoas de todas as condições sociais. Estão presentes em romances populares, em filmes e como estrelas de *shows* que fazem muito sucesso na televisão. Através de todo o planeta, as pessoas estão recebendo esta mensagem: os anjos estão prontos para entrar na vida de todos nós. E isso tudo é possível graças a uma evolução de consciência duramente conquistada.

Os anjos velam por nós — sendo esta, com certeza, uma de suas funções. No entanto, eles também desvendam os nossos mistérios para nós mesmos, expandindo gradualmente a maneira como vemos o mundo para incluir nela um universo muito amplo, tanto no plano interior como no exterior. Eles nos ajudam a perceber que não estamos sozinhos e à deriva num universo grande e vazio, e que não somos simples agrupamentos aleatórios de moléculas, sem poesia, razão ou propósito.

Somos todos parte dessa crescente onda de conhecimento, e a história desta onda é parte da nossa herança espiritual global. Ela não pertence aos membros de nenhuma religião, raça, credo ou sexo, sendo antes um patrimônio de toda a humanidade.

## Os anjos no mundo antigo: a primeira onda

A base do conhecimento dos ocidentais a respeito dos anjos é o Velho Testamento, que está repleto de histórias a respeito de anjos. O patriarca hebreu Abraão e sua família tiveram numerosos encontros com anjos. Eles apareceram para Hagar, a mãe de seu primeiro filho, Ismael. Três anjos anônimos apareceram para Abraão e sua esposa Sara para lhes dizer que iam ter um filho. Embora o casal tivesse mais de 90 anos na época, nove meses depois nasceu-lhes Isaac. Posteriormente, quando Deus mandou Abraão sacrificar-Lhe Isaac como prova, de sua fé, foi outro anjo que, no último instante, deteve-lhe a mão. Através de toda a história os anjos têm interferido na vida humana como portadores de milagres.

# Histórias do Velho Testamento

Sara e o neto de Abraão, Jacó, também receberam diversas visitas de anjos. Eles freqüentemente apareciam a Jacó em seus sonhos. Num desses sonhos, ele viu uma escada que chegava até o Céu e pela qual os anjos subiam e desciam. Jacó construiu um altar no local onde teve o sonho. Uma outra noite, estando só e acordado, um anjo de Deus apareceu e travou com ele uma luta corpo a corpo. Os dois lutaram a noite inteira e Jacó ficou ferido na coxa. Pela manhã, tendo Jacó se mantido firme, o anjo o abençoou. Todos nós, vez por outra, não tivemos de lutar com a nossa natureza espiritual e, depois, nos sentimos felizes por termos passado por aquilo que, no momento, nos parecia tão difícil de suportar?

Os anjos acompanharam os hebreus enquanto eles vagaram pelo deserto depois do Êxodo do Egito. E os anjos também apareceram para muitos dos antigos profetas. Dois desses encontros mais profundos ocorreram com os profetas Ezequiel e Daniel, que viveram quase mil anos depois da época de Jacó.

Ezequiel tinha sido deportado, junto com a classe dominante de seu povo, quando o rei da Babilônia conquistou o reino de Judá. Vivendo uma das horas mais negras de seu povo, suas palavras eram cheias de ódio e de esperança. Como todos os profetas, ele pediu a seu povo que santificasse suas vidas. Suas visões do trono de Deus e dos anjos tornaram-se modelos para as gerações de estudiosos de anjos que vieram depois dele. Naquela que, provavelmente, foi a sua melhor visão, Ezequiel viu o trono de Deus como uma carruagem rodeada de querubins com quatro rostos e igual número de pares de asas. Os batimentos de suas asas podiam ser ouvidos de um extremo ao outro do Céu.

Daniel foi o primeiro profeta a chamar um anjo pelo nome. (Jacó perguntou o nome do anjo com o qual lutara, mas não obteve resposta.) É no Livro de Daniel que vemos ser mencionados os nomes de Miguel e de Gabriel e onde, pela primeira vez, ouvimos falar de anjos da guarda de nações. Gabriel apareceu para Daniel com o propósito de ajudá-lo a interpretar os seus sonhos. Quando o rei fez com que Daniel fosse atirado no covil dos leões, um anjo fechou a boca das feras. Quando o covil foi aberto, pela manhã, Daniel surgiu incólume. Nesse livro também encontramos os três amigos de Daniel: Shadrach, Meshach e Abednego — que foram salvos da fornalha ardente a que tinham sido atirados graças a um anjo que surgiu em meio às chamas. Ao longo de toda a história, os anjos salvaram incontáveis homens e mulheres de situações nas quais a morte parecia ser inevitável. Eles nos trazem esperança em épocas de desespero.

No Livro de Tobit, apócrifo, encontramos uma maravilhosa história a respeito de como Rafael, o anjo da cura, apareceu para Tobias, o filho de Tobit, disfarçado de viajante. No decorrer da história, Rafael cura Tobit de sua cegueira, livra Tobias de um demônio e restitui a felicidade à família. Essa história foi contada pela primeira vez há mais de dois mil anos, e desde então os anjos têm vindo até nós para efetuar curas. Quantos anjos disfarçados você supõe que já tenha encontrado na sua vida?

## Histórias do Novo Testamento

Talvez a visita angelical mais famosa tenha sido feita a uma mulher judia chamada Maria. Conforme está descrito no Novo Testamento, no Livro de Lucas, o arcanjo Gabriel apareceu-lhe para dizer que ela iria ter uma criança. O nascimento dessa criança, Jesus, modificou a história deste planeta. Desde seu nascimento até a sua morte, os anjos sempre estiveram à sua volta. Segundo outra fonte, foram os anjos que fizeram rolar a pedra que cobria o seu túmulo.

O último livro do Novo Testamento é o Apocalipse de João. Assim como Ezequiel e Daniel, quinhentos anos antes, João também estava vivendo no exílio.

Um anjo apareceu para ele e determinou que escrevesse para os guardiões de várias igrejas cristãs primitivas. Nas visões de João a respeito do Apocalipse encontramos descrições dos diversos anjos envolvidos no nascimento do novo mundo. João viveu numa época cheia de desafios — tal como a nossa. Parteiras angelicais estão ao nosso redor, prontas para nos ajudar no nascimento do novo mundo que João previu há tanto tempo.

## Os anjos em épocas medievais: a segunda onda

Os anjos aparecem quando menos se espera. É igualmente imprevisível o que eles vão dizer ou fazer. Ao longo de milhões de anos, boa parte dos esforços dos anjos parece ter se concentrado na manutenção de um equilíbrio espiritual no mundo dos humanos e em prevenir, de maneira geral, os piores excessos de que eles são capazes.

Durante todo o início da Idade Média, o interesse pelos anjos continuou a crescer em meio às comunidades cristãs e judias. Cidades e impérios estavam surgindo e desaparecendo. Talvez tenha sido o caos que existia à sua volta que levou as pessoas a tentarem compreender de que modo era organizado o domínio celestial. Nos textos medievais, os anjos eram designados para lugares; dias da semana e, até mesmo, partes do dia. Debatia-se ardorosamente a respeito da quantidade de anjos, sua hierarquia, suas funções, seus dirigentes e a mais importante de todas as questões: Quantos poderiam dançar sobre a cabeça de um alfinete?

## Os anjos como servos

Na antiguidade, os anjos tinham sido encarados como servos de Deus e nossos guias para o Reino dos Céus. Na Idade Média, porém, houve uma crescente tendência para encarar os anjos como servos potenciais de quem quer que soubesse os seus nomes. Surgiram tratados discorrendo sobre como invocá-los e controlá-los. Não admira que, ao longo de todo esse período, houvesse um grande fascínio pelos anjos decaídos, pois as pessoas acreditavam que esses seres celestiais poderiam proporcionar poderes ilimitados a quem quer que se juntasse a eles.

Em 613 d.C., o arcanjo Gabriel tentou mais uma vez interferir na história humana, desta vez fazendo sua parte na criação do Islamismo. Gabriel começou ditando o Corão ao profeta Maomé, tarefa que teve prosseguimento até a morte deste, em 632. Esse grande feito, junto com o vôo noturno do profeta em direção ao Paraíso na companhia dos anjos, colocou os seres celestiais no centro de outra importante obra de engenharia social e religiosa.

Nos séculos seguintes, enquanto a Europa estava mergulhada na Idade das Trevas que se seguiu à queda do Império Romano, houve um maravilhoso florescimento da ciência, das artes e da tradição mística quando as comunidades judias e muçulmanas entrararn em contato umas com as outras na Espanha, no norte da África e no Egito.

## Amigos queridos

Foram os sufis, os místicos do mundo islâmico, que deram uma nova ênfase ao encontro com os nossos amigos invisíveis. Eles encararam os anjos como companheiros de nossos corações, reflexos de Deus. Essa profunda percepção, que se baseou em autênticos encontros com seres celestiais, introduziu a conceituação dos anjos como amigos queridos.

Na Europa, a Idade das Trevas gradualmente deu lugar às sublimes percepções celestiais da arte gótica. Ergueram-se graciosas catedrais, em cujas intrincadas estruturas foram esculpidas imagens sagradas. Os anjos que estão em volta da entrada principal da catedral de Chartres, por exemplo, expressam com perfeição alguns dos belos sentimentos que a humanidade passara a associar aos domínios celestiais.

## Anjos femininos

Ao mesmo tempo, o pensamento europeu começou a enfatizar cada vez mais o ideal da beleza e do amor romântico. Isso resultou na percepção dos anjos femininos. Durante as cruzadas, os códigos de comportamento da cavalaria combinaram-se com a revelação sufi do anjo como um querido ser interior. Ibn Arabi, um grande poeta sufi, afirmou que a sua principal obra em prosa, *The Meccan Revelations [As Revelações de Meca]*, tinha sido dada a ele pelo Anjo da Inspiração. Suhrawardi, autor de *The Crimson Archangel (O Arcanjo Vermelho)* e *The Rustling of Gabriel's Wing (O Farfalhar das Asas de Gabriel)*, legou-nos o mais rico registro de encontros angelicais do mundo islâmico.

O principal texto cabalístico, o Zohar, é obra dos filósofos judeus dessa estimulante época. Ele contém muitos métodos de alteração de consciência voltados para a obtenção de estados místicos nos quais é possível conversar diretamente com os anjos. Considerando os perigos associados a uma acusação de heresia, não é de surpreender que a informação seja obscura e, muitas vezes, esteja cuidadosamente disfarçada.

São Francisco de Assis, mais conhecido por conversar com pássaros e animais, teve um encontro com um serafim no final de sua vida. A moderna doutrina cristã a respeito dos domínios celestiais foi em grande parte moldada pelo grande teólogo católico do século XIII, Tomás de Aquino, cujo grande tratado, a *Summa Theologica*, contém toda uma seção dedicada aos anjos. Ele os visualizava como seres destituídos de corpo, excedendo-nos em número e em perfeição, porém, não inteiramente capazes do rápido e contínuo desenvolvimento espiritual característico da humanidade.

Na Alemanha, nessa mesma época, o místico

cristão Meister Eckhart teve diversos encontros diretos com anjos. Na Itália, o grande poeta Dante Alighieri deixou-nos a sua *Divina Comédia,* um dos mais duradouros relatos de um peregrino nos domínios celestiais. Assim como o caso dos sufis, o querido anjo de Dante inspirou sua poesia e, junto com o poeta romano Virgílio, conduziu-o através dos diferentes reinos de um universo apinhado de anjos e demônios, até chegarem ao trono de Deus.

Nunca poderemos enfatizar suficientemente a importância do reconhecimento, feito pelos sufis, de que os anjos são nossos queridos amigos. Graças aos seus esforços, podemos conciliar o conflito entre aqueles que vêem os anjos como seres externos e aqueles que os consideram como aspectos da nossa alma ou Eu Superior. Quando percebemos que é o nosso anjo — o nosso verdadeiro eu, o companheiro de nossa alma na jornada rumo a Deus — deixará de ser relevante saber se o anjo é interior ou exterior — o paradoxo terá sido transcendido e uma nova era no relacionamento entre as nossas duas espécies terá começado.

## Um renascimento para os anjos

Todos os grandes artistas do Renascimento pintaram anjos, e não apenas por trabalharem sob o patrocínio da Igreja Católica. A preferência dos artistas pela Anunciação ajudou a fazer do aparecimento do arcanjo Gabriel à Virgem Maria um dos mais famosos de todos os encontros com anjos. O artista Rafael — esse nome seria uma coincidência? — gostava de mostrar os domínios celestiais em suas pinturas, muitas vezes representando essa dimensão lado a lado com a realidade normal e cotidiana. Posteriormente, Rembrandt, o grande pintor holandês, foi continuadamente inspirado a pintar anjos, e muitos deles podem ser vistos em suas principais obras, embora também haja vislumbres de anjos extraordinariamente belos em seus desenhos, em particular um do arcanjo Rafael junto a Tobit.

## Inspirando as artes

Entre os objetos mais sagrados da tradição artística estão os ícones, aquelas lindas obras de arte em joalheria, gesso ou têmpera, encontradas principalmente nas Igrejas Ortodoxas russa e grega. Aqui, as imagens são pintadas como invocações diretas de santos e anjos; elas são meditações que, através de seu simbolismo visual, evocam alguns dos conhecimentos que adquirimos a duras penas a respeito desses seres.

Como a terceira onda de encontros celestiais está se iniciando, os anjos começam a se apresentar para diversos artistas, cientistas e santos. Em épocas mais remotas, Teresa de Ávila, uma freira espanhola, contou como um anjo perfurou seu coração com uma lança que a encheu com o amor de Deus. Seu relato inspirou muitas obras de arte nessa época.

## Inspirando a literatura

Menos sangrenta, talvez, são as visões angelicais de Jacob Boehme, um místico protestante alemão. Também não podemos esquecer que as importantes investigações sobre o domínio celeste, feitas pelos sábios judeus Moses Cordovero e Isaac Luria, muito contribuíram para o estudo da Cabala. Luria, por exemplo, foi um dos primeiros a chamar a atenção para o importante papel que nós, humanos, temos a desempenhar na restauração do equilíbrio da bondade no mundo.

Na Inglaterra, o poeta John Milton retomou a formidável tarefa de tentar descobrir a verdade sobre os anjos decaídos e sua influência sobre o destino humano. Seu esforço deu-nos os épicos *Paraíso Perdido* e *Paraíso Reconquistado*.

Um século depois, na Suécia, o eminente cientista Emanuel Swedenborg teve uma série de encontros com os domínios celestiais, desde 1747 até sua morte, ocorrida em 1772. Diversos incidentes de sua vida — nos quais ele previu corretamente acontecimentos como, por exemplo, incêndios que viriam a ocorrer a muitos quilômetros de distância — confirmaram que ele estava em sintonia com os anjos.

Ele escreveu copiosamente a respeito de suas experiências com anjos e exerceu uma profunda influência sobre muitos dos grandes pensadores de sua época, incluindo William Blake, o místico, poeta e pintor inglês que nos legou alguns dos anjos mais apaixonadamente complexos jamais pintados.

## Imagens populares

É possível que as imagens de anjos mais conhecidas — aquelas em que a maioria de nós pensa quando evoca a representação de um anjo — tenham sido as criadas nos últimos séculos a partir dos desenhos em água-forte do ilustrador francês Gustave Doré. Quem poderá esquecer as magníficas ilustrações que ele fez para a *Divina Comédia*? Demônios nas profundezas do inferno e as hostes celestes — anjos movendo-se em círculos no infinito!

De 1850 até a virada do século, numa tentativa de contrapor-se ao que era visto como o espectro ameaçador do materialismo industrial, os pintores pré-rafaelitas (eis esse nome mais uma vez!) concentraram boa parte de sua atenção nos domínios celestiais. Em termos artísticos, considerando-se aquilo que leva um pintor a produzir um trabalho autêntico e relevante, este foi o último suspiro. Os anjos logo foram quase que completamente eclipsados por um mundo novo e efervescente no qual a tecnologia era o mais poderoso símbolo da era moderna. Todavia, embora nossa atenção tenha sido desviada para longe deles, os anjos de modo algum desapareceram.

Na verdade, eles ainda estão aparecendo em todos os lugares. Suas imagens podem ser encontradas em, virtualmente, todas as cidades e vilarejos do mundo ocidental: em estações ferroviárias, em monumentos de guerra, em murais e frisos de bibliotecas, em fachadas de museus, hospitais, cinemas e em lojas de departamentos. Nós os vemos vestidos de bronze no meio de fontes, flutuando nas cúpulas e afrescos de nossas prefeituras e pintados nas paredes dos corredores do poder. Olhe à sua volta e você os verá em qualquer lugar para onde volte a cabeça.

## Anjos nos tempos modernos

Não se pode excluir os Estados Unidos das intervenções angelicais. Como já vimos, a Igreja de Jesus Cristo dos Santos dos Últimos Dias, da qual são adeptos os mórmons, foi fundada por Joseph Smith depois de uma visita do anjo Moroni. Nas décadas de 1840 e 1850, houve uma grande atividade espiritual nas comunidades da Igreja do Milênio, iniciada por mãe Ann Lee. Os adeptos dessa seita estavam recebendo palavras e tendo visões de anjos, muitas das quais foram preservadas e constituem um importante ramo do conhecimento relativo aos anjos.

Pouco depois, na Europa, o poeta alemão Rainer Maria Rilke brilhou como artista e foi um dos poucos escritores dessa época que tinha os anjos como musas. Um exemplo também muito inspirador!

## Renascimento do interesse

Na última parte do século XIX e no início do século XX, tanto a Europa quanto os Estados Unidos assistiram a um vigoroso renascimento do interesse por questões transcendentais, embora o interesse fosse mais voltado para as questões psíquicas do que espirituais. Tanto Madame Helena Petrovna Blavatsky, a fundadora da Teosofia, como o místico alemão Rudolf Steiner, escreveram extensivamente sobre anjos e defenderam a importância do papel desempenhado por eles nas questões humanas. A ordem celestial de Steiner aproveitou as nove ordens de anjos originais e acrescentou um décimo grupo evolutivo — os seres humanos. Houve também um revivescimento do interesse pelos anjos no mundo muçulmano, cujo melhor exemplo são os brilhantes livros de Henry Corbin.

Nos Estados Unidos, de 1905 a 1935, houve uma das mais notáveis revelações angelicais de toda a história. Ditado em grande parte pela boca de um homem adormecido, *The Urantia Book* é um alentado compêndio de informações sobre Deus, o Universo, os anjos e seu trabalho. Ele nos proporciona uma visão da vida no nosso planeta da perspectiva de um universo que contém milhões de mundos habitados e trilhões de anjos.

## Os anjos na Segunda Guerra Mundial

Um dos mais poderosos e comoventes encontros angelicais do último meio século ocorreu na Hungria, entre 1943 e 1944. Quatro artistas amigos, vivendo em Budapeste sob o domínio dos invasores nazistas, subitamente descobriram que os anjos estavam se comunicando com eles através de uma integrante do grupo, quando esta entrava num ligeiro transe. As comunicações continuaram durante mais de um ano e lhes proporcionaram conselhos práticos e de natureza espiritual a respeito de como lidar com as catástrofes que estavam para acontecer e de como transmitir para a posteridade algumas das descobertas mais pertinentes e mordazes a respeito dos domínios celestiais.

Gitta Mallasz, a única dos quatro artistas que sobreviveu à guerra, registrou as palavras dos seres celestiais no maravilhoso livro *Talking With Angels (Conversando com os Anjos)*, que transmite primorosamente a profundidade e o impacto da brilhante sabedoria dos anjos.

"Alguma coisa poderia ser mais natural do que estarmos aqui conversando?", perguntaram os anjos aos quatro artistas, num momento de cumplicidade cósmica. Em termos coletivos, o nosso novo relacionamento com esse domínio torna-se gradual e progressivamente mais íntimo. Embora o nosso livre-arbítrio seja sempre escrupulosamente respeitado, existem poucas dúvidas de que, à medida que se aproxima o fim do século, nossas duas espécies estão ficando mais próximas do que jamais estiveram.

## Os anjos na cultura popular: a terceira onda

Os anjos não apenas estão falando com todos aqueles que conseguiram silenciar sua mente o bastante para ouvi-los, como também a nossa percepção dos seres celestiais já ultrapassou o terreno da religião. Com o advento das comunicações modernas, eles também fizeram sentir sua presença na indústria das diversões.

### Na música

A música tem sido a principal via de acesso para os anjos fazerem sentir sua presença na cultura global popular. Determinados tipos de música conseguem criar estados transcendentes de consciência e, quando isso acontece, esta é, certamente, uma fonte de grande alegria mútua tanto para os anjos como para os seres humanos. Dos anos 50 em diante tem havido referência a anjos em letras de músicas como *"Earth Angel"*, *"Angel Eyes"*, *"Johnny Angel"*, *"I'm Living Right Next Door to an Angel"*, *"Where Angels Fear to Tread "* e, obviamente, *"You Are My Special Angel"*.

Por mais profanas que essas canções populares possam parecer, elas na verdade seguem uma venerável tradição e sua origem remonta diretamente aos mestres sufis e aos místicos que criaram o conceito de anjos como um amigo querido. A partir disso, podemos perceber como uma idéia revolucionária, quando alinhada a uma verdade superior, pode transformar-se num conceito presente na nossa vida cotidiana.

## Nos filmes

Embora ao longo do século XX os anjos tenham aparecido com menos destaque nas artes plásticas, eles sempre estiveram presentes no cinema através de filmes como *Angel on My Shoulder, The Bishop's Wife, The Milagro Beanfield War* e no eterno favorito, *Felicidade Não se Compra (It's a Wonderful Life)*. Quem poderá esquecer a frase: "Quando um sino toca um anjo recebe suas asas"? Existe na cultura popular norte-americana um anjo mais famoso do que Clarence?

Entre os diversos filmes recentes em que aparecem anjos está *Wings of Desire*, do diretor alemão Wim Wenders. Esse filme é uma comovente exploração da natureza dos anjos e do que eles poderiam encontrar pela frente em sua vida e em suas missões. A aspiração por um toque de mão, pelo cheiro do vento, por um cigarro e uma xícara de café, que Wenders atribui a seus anjos supercorpóreos, é para nós, de alguma forma, profundamente familiar. Talvez isto tenha algo a ver com a maneira como chegamos a abordar esta questão.

Wenders descreve com grande sensibilidade a natureza multidimensional da realidade dos anjos — suas camadas de sons e imagens visuais interpenetrando-se para formar uma vasta pátina de informação sensual. O fato de os filmes poderem transmitir esse grau de encanto e complexidade de forma talvez mais eficaz do que a pintura e a escultura, possivelmente explicaria por que os anjos agora estão usando esse meio para chegar até nós.

## Na TV e nos livros

Nos anos 80 e no início da década de 90 os anjos parecem estar voltando a se tornar populares graças a uma bem-sucedida série de TV, *Highway to Heaven*, cujo herói é um anjo, e em diversos romances populares, incluindo *Angel Fire*, a esplêndida aventura de Andrew Greeley. Encontrado na estante de brochuras de qualquer supermercado, esse livro contém informações precisas e aprofundadas a respeito de anjos da guarda, mas expõe tudo isso de uma forma fácil e agradável de ler.

## Em encontros pessoais

Ultimamente, o arcanjo Rafael tem feito sua voz ser ouvida através dos lúcidos escritos de Ken Carey. Seus livros (*Starseed 2000, Transmissões da Estrela-Semente*\* e *O Retorno das Tribos-Pássaro*\*) constituem obras-primas modernas na área da visão de anjos. Numa linha semelhante, o filósofo norte-americano contemporâneo David Spangler continua a trabalhar com os anjos, tal como faz sua colega Dorothy Maclean, que registrou suas experiências em *To Hear the Angels Sing*.

Sophy Burnham, autora de *The Book of Angels*, recebeu milhares de cartas de pessoas de todo o país

---

\* Publicados pela Editora Cultrix, São Paulo.

em resposta ao seu livro. Em todos os níveis sociais, em vilarejos e em cidades grandes, essas pessoas tiveram sua vida modificada pelos anjos e queriam contar suas histórias. A seqüência de seu primeiro livro, *Angel Letters*, contém muitos desses relatos pessoais.

Uma coisa surpreendente que aconteceu a nós três quando começamos a nos envolver com os anjos e com a sua realidade foi a freqüência com que eles se manifestaram em nossa vida. Cartazes, letras de músicas, comerciais, programas de televisão e *jingles* faziam referências aos nossos amigos invisíveis com espantosa regularidade. Encontrávamos motoristas de táxi chamados Ângelo com extraordinária freqüência e, invariavelmente, em momentos significativos. Coisas assim aconteciam o tempo todo.

Onde quer que fôssemos, ouvíamos as mesmas histórias, relatadas por incontáveis pessoas. Isso não está acontecendo apenas a nós ou a você — os anjos estão entrando em contato com todas as pessoas, de todas as maneiras possíveis e num grau nunca visto anteriormente.

## Os anjos da guarda

A relação entre os seres humanos e os anjos é, por natureza, muito íntima. Os anos nos mostraram que nós, seres humanos, somos aquela parte do Criador que foi enviada para uma dimensão mais densa da realidade. Os anjos reconhecem o Criador que existe dentro de nós e isso lhes serve de motivação para ajudar-nos no nosso dia-a-dia.

O médico holandês H. C. Moolenburgh teve seu interesse pelos anjos despertado depois de ouvir muitos de seus pacientes falarem sobre eles, e registrou suas impressões em *A Handbook of Angels*. Ele vê os seres humanos como uma equipe de mergulhadores buscando tesouros perdidos no mar e ligados à superfície apenas por alguns tubos de ar e pelo rádio. Os anjos são a equipe de superfície, trabalhando a bordo do navio para garantir a nossa segurança.

"Recebemos até mesmo", escreve ele, "instruções detalhadas quanto ao tipo de tesouro que deveríamos coletar, o qual tem de ser do tipo que pode ser levado para cima. Provavelmente somos puxados para cima todas as noites, para tomar fôlego, e quando morremos somos puxados permanentemente."

Quantas vezes nos esquecemos de que dispomos de toda a ajuda do mundo? Para podermos evoluir, porém, tivemos de aprender a "esquecer". Caso contrário, teríamos continuado a ser, nas palavras de Moolenburgh, "crianças dependentes, dominadas pelo esplendor dos irmãos mais velhos".

"Nenhuma criatura está privada de sua proteção pessoal", diz Abigrael — e os anjos que nos dão proteção e aconselhamento estão a postos no rádio e nos tubos de ar.

Todas as pessoas têm os seus anjos da guarda no convés. Quando procuramos viver a vida e adotar maneiras de ser que estão mais alinhadas com Deus e com o nosso destino mais elevado, os nossos anjos vêm para mais perto de nós com o propósito de nos dar orientação e aconselhamento.

Os próprios anjos nos dizem que, no momento em que um de nós toma a decisão consciente de dedicar sua vida ao Criador, os anjos da guarda dessa pessoa passam a dedicar-se integralmente ao ser humano em questão.

Este livro foi escrito para ajudá-lo a encontrar o seu anjo da guarda. No momento em que for feito o contato, você terá ganho as suas asas.

(In: *Pergunte ao seu Anjo*, Alma Daniel, Timothy Wyllie, Andrew Ramer, Editora Pensamento, 1994.)

> Grande é a dignidade das almas humanas, pois cada uma tem um anjo destinado à sua guarda desde o instante de seu nascimento.

São Jerônimo

**A ARTE DE VIVER**

# Doadores de Força e Confortadores

*Quem, se eu gritasse, me ouviria entre as hostes dos anjos?*
Rainer Maria Rilke

Durante épocas difíceis, quando nossas fontes de esperança, de resistência e de rejuvenescimento parecem diminuir ou secar de todo, afirma-se que os anjos ajudam a restaurar e a revigorar o nosso ser. Em muitos contos tradicionais, os anjos nos alimentam, nos confortam e nos dão força.

A Bíblia apresenta diversas histórias em que os anjos dão conforto e força aos homens. No livro I Reis, do Velho Testamento, o profeta Elias, foge para o deserto, da cólera de Jezebel, que jurou prejudicá-lo. Elias está cansado e assustado, e pede a Deus "para que morra". Quando Elias adormece, um anjo leva a ele "um bolo assado sobre pedras incandescentes e uma jarra de água", acorda Elias e lhe diz que coma. Elias se alimenta e dorme de novo, mas o anjo o acorda pela segunda vez e ordena que coma mais. "Ele acordou", diz a história, "comeu e bebeu, e passou, revigorado por esse alimento, quarenta dias e quarenta noites..."

Numa outra história do Velho Testamento, o profeta Daniel jejuou por três semanas e, enquanto estava às margens do rio Tigre, viu um anjo. Descrevendo seu aspecto, Daniel diz: "Fiquei sozinho e tive essa grande visão, e todas as forças em mim se exauriram; minha aparência radiante mudou-se com o medo, e as forças me escacearam." Depois, Daniel diz, o anjo "tocou-me e fortaleceu-me... E quando ele me falou, fortaleci-me..."

No Novo Testamento, os anjos dão força e apoio até mesmo a Jesus, no momento em que ele estava só no deserto durante quarenta dias, e em sua agonia, no horto de Getsêmane.

*E apareceu-lhe um anjo do céu, dando-lhe força.*
Lucas 22:43

No livro dos *Atos dos Apóstolos*, um anjo confortou São Paulo durante uma terrível tempestade no mar e assegurou a ele que ninguém a bordo do barco sofreria danos.

Nas lendas da Igreja Católica Romana, encontramos relatos de anjos dando conforto e força em épocas de grande tensão a muitos homens de espírito notável, dentre os quais estão os Santos Andeol, Concord, Eufêmia, Lourenço, Sérgio, Venâncio, Vicente, Jorge de Dióspolis, Juliano de Antioquia e Teodoro de Heracléia.

(In: *Os Anjos - Nossos Protetores Celestes*, David Cornolly, Editora Cultrix, 1993.)

## A ARTE DE VIVER

JOSEMARÍA ESCRIVÁ (de Balaguer y Albás) - Sacerdote da Igreja Católica, nascido em Barbastro, Espanha. Fundador do *Opus Dei* e da Sociedade Sacerdotal Santa Cruz. O *Opus Dei*, entidade religiosa voltada para o altruísmo e aprovada pelo Vaticano foi fundada em 1928, em Madrid. Por suas características beneméritas e extensiva às mulheres, o *Opus Dei* se propagou por todo o mundo. Após a morte de Monsenhor Escrivá, ocorrida em Roma, foram-lhe atribuídos alguns milagres e curas. Em razão disso, em 1931, foi solicitada sua canonização. Ele foi beatificado pelo Papa João Paulo II em 1992. (1902 - 1975).

"
Quando tiveres alguma necessidade, alguma contradição (pequena ou grande) invoca o teu Anjo da Guarda, para que a resolva com Jesus ou te preste o serviço de que estejais precisando.
"

# Como Funciona a Intuição

Todos nós possuímos o dom da intuição, mas nem todas as pessoas o utilizam, e algumas nem sabem da sua existência. A intuição é uma forma de conhecer ou saber sem ter necessidade de usar o raciocínio, a memória, a lógica ou outras faculdades do cérebro humano. A intuição nos adverte do perigo em muitas ocasiões, chegando até a salvar nossa própria vida ou a de outros. É aquele pressentimento pelo qual nos levamos às vezes, e que nos conduz à solução certa para o momento. É ela, a intuição, que está a nos guiar em muitas ocasiões e situações das nossas vidas cotidianas, quando de repente algo surge na mente que nos faz agir adequadamente, embora depois não consigamos explicar por que adotamos tal atitude.

A intuição é uma função primordial do hemisfério cerebral direito e está associada a um elevado grau de inteligência, que nos liga com as fontes essenciais do conhecimento. Há muita sabedoria guardada ali, e podemos obtê-la quando quisermos, bastando apenas acalmar-nos, penetrar em nós e localizar nosso centro. Esta capacidade está intimamente ligada ao *chakra* coronal (centro de energia localizado na parte mais alta da cabeça). A abertura deste centro energético produz uma ativação da intuição.

O hemisfério cerebral esquerdo é a sede das funções da memória, da lógica e do raciocínio, que são níveis menores da inteligência, e não transcendem o plano material. Entretanto, também são necessários para realizar outras atividades no plano tridimensional em que nos movimentamos enquanto temos corpos físicos.

É muito importante contrabalançar os dois hemisférios para eles funcionarem mais plenamente e para processarmos nossa ação utilizando todas as nossas possibilidades. Uma maneira de garantir o equilíbrio de ambos os hemisférios é utilizá-los uniformemente para resolver as diversas atividades do dia, usando um e outro lado do cérebro (é mais ou menos o que Einstein queria dizer quando afirmava que o homem usava apenas 10% do seu cérebro). O problema é que a maioria das pessoas sabe muito bem lidar com as funções do lado esquerdo do cérebro, mas não tem a mesma habilidade quanto às correspondentes ao lado direito. E isso decorre da cultura em que estamos imersos, que dá preeminência a tudo que for raciocínio, memorização, ação a partir da lógica; o que não é mau nem criticável em si. Acontece, no entanto, que se o homem está usando seu cérebro de forma descompensada no que diz respeito aos outros processos que é capaz de empregar pelo menos em potencial, e para os quais foi sabiamente projetado, estamos frente a um paradoxo quanto ao uso dos nossos potenciais cerebrais.

É de lamentar que nossa cultura não considerasse a importância do desenvolvimento de ambos os hemisférios cerebrais, e só nos ensinassem o uso de um deles (e, às vezes, nem isso). Mas sempre estamos a tempo para aprender e exercitar coisas novas, por exemplo começar a desenvolver os potenciais do hemisfério cerebral direito. O que se consegue, entre outras formas, através da meditação, pois, ao nos ligarmos com a própria respiração, passamos a beber do Grande Ritmo Cósmico que abrange toda a Galáxia.

O hemisfério cerebral direito liga-nos com outras funções, além da intuição, como a telepatia, a clarividência, a precognição etc., e com outras funções chamadas, por erro ou ignorância, de fenômenos "paranormais".

Nestes momentos evolutivos do planeta principiamos a desenvolver com mais facilidade todas aquelas habilidades que antes eram acessíveis apenas para uns poucos ousados.

Todos temos acesso a estas funções cerebrais. Mas precisamos fazer a "ginástica" necessária para desenvolver estes "músculos dormentes" devido ao excesso de raciocínio. Acessando o conhecimento por meio dos mecanismos da intuição e dos outros mencionados, descobriremos horizontes nunca imaginados dentro de nós mesmos.

(In: *Oráculo dos Anjos*, Stellarius, Editora Record/Nova Era, 1994).

## A ARTE DE VIVER

PAULO COELHO - Escritor, teatrólogo e ensaísta. O maior fenômeno literário dos últimos tempos no Brasil. Sua mensagem é de cunho espiritual e filosófico. Em menos de dez anos escreveu seis obras, todas *best sellers*, traduzidas para quase todas as línguas. Sua obra *O Alquimista* foi vendida para o cinema. Recentemente condecorado na França pelos méritos da sua obra literária. (1947 - ).

> *Os Anjos existem. A voz das entidades sábias está na nossa imaginação.*

67

## A ARTE DE VIVER

# Existem Anjos Maus?

Muita gente me pergunta sobre os anjos decaídos, ou demônios. Pessoalmente, acredito que para cada aspecto positivo da vida existe um aspecto contrário, negativo. Uma vez que os anjos são puramente positivos em sua natureza, eles têm uma contraparte que chamamos de demônios, cuja natureza é exclusivamente negativa. Isso ajuda a visualizar os anjos enquanto luz pura, não tendo necessariamente nenhuma outra forma, como corpos alados e coisas do gênero. Podemos então, pensar nos demônios, não como criaturinhas satânicas e feias, mas como pura treva, "espaço negro", se você o preferir. Imagine uma sala totalmente escura, plena de espaço negro. Em sua imaginação, abra a porta e, com uma pequena fonte de luz, digamos uma lanterna, comece a derramar luz pela sala. A luz transforma a escuridão, iluminando o espaço de modo que você consiga enxergar o que existe ali. Digamos que essa escuridão esteja repleta de demônios e que eles devam fugir da luz e esconder-se dela. Acenda agora uma luz que ilumine a sala toda. Para onde irão os demônios? Eles não podem existir na luz, portanto devem partir.

Imaginemos agora os anjos e os demônios como formas ou seres. Os anjos são normalmente retratados como seres altos, enquanto os demônios, como pequeninos seres animalescos de aspecto horripilante. Pense agora sobre o que acontece quando os demônios nos perseguem e os anjos se colocam na frente deles: os demônios são cegados pelo intenso facho de luz e se escondem. Obviamente tudo isso é, na verdade, mais complicado, mas um elemento se sobressai a favor de cada lado. No lado angélico, esse elemento é o amor, a única coisa que os demônios não compreendem e não possuem. No lado demoníaco, esse elemento é o medo, que alimenta o desenvolvimento dos demônios, e algo de que os anjos nunca se utilizam. Se tememos a escuridão, o mundo ou a vida, os demônios podem se fortalecer a partir de nós e tornar-nos ainda mais temerosos. Para transformar esse enredo, é preciso nos livrarmos do medo, nos tornarmos amorosos e pedirmos aos anjos para criar uma barreira contra os demônios. Isso é o mesmo que envolver a nós mesmos em luz branca. Lembre-se: a luz não apenas nos protege; ela transforma a escuridão.

É bem possível que existam anjos decaídos, ou demônios, que ataquem os aspectos positivos das pessoas. Lembre-se, porém, de que tudo aquilo a que você dedica atenção ganha força em sua vida. Então por que dar força a eles, acreditando e preocupando-se com demônios ou anjos decaídos? Torne-se você mesmo parte da luz; quanto mais luz nós humanos gerarmos, menor será o espaço que os demônios terão para se esconder! Outro ponto a ser lembrado é que os demônios não têm o menor senso de humor e normalmente são atraídos para as pessoas mal-humoradas. Portanto, mantenha vivo o seu senso de humor; os anjos estarão próximos e os demônios se tornarão mais raros.

(In: *Os Anjos - Guardiães da Esperança,* Terry Lynn Taylor, Editora Pensamento, 1994.)

## A ARTE DE VIVER

**JESUS DE NAZARÉ ( O Cristo)** - Fundador da religião cristã e marco cultural da civilização moderna. Nasceu na cidade de Nazaré, no ano 5 ou 7 antes da nossa Era. Não deixou nada escrito. Sua vida é contada pelos evangelistas e constitui a essência do Novo Testamento. Ensinava por parábolas e aforismos.

Acusado de traição contra o império romano e os religiosos da época, foi condenado e morreu crucificado em 34 a 37 d.C. É considerado pelo cristianismo como a maior personalidade da história da Humanidade.

> **Guardai-vos de menosprezar um só destes pequeninos, porque eu vos digo que seus anjos contemplam sem cessar a face de meu Pai que está nos céus.**
> (Mateus, 18:10).

## A ARTE DE VIVER

# Os Anjos que Zelam por Mim

O jornal *New York Times* publicou uma história intitulada: "Afinal, Quantos Anjos Há?" A resposta: "Atualmente, tantos quanto o mercado comportar."

O artigo, de Peter Steinfels, salienta o fato de hoje em dia se fazer grandes negócios em torno dos Anjos, com lojas de departamento especializadas em quadros de Anjos, estatuetas de Anjos e todo tipo de objetos colecionáveis com motivos angélicos. Existe um boletim nacional relatando visões de Anjos, seminários sobre angelologia e angelólogos que aparecem como convidados em entrevistas na tevê. Muitas livrarias têm seções especiais de literatura angélica, incluindo manuais para os que têm aspirações quanto a se tornarem Anjos.

Há até algo de doce e inofensivo a respeito disso tudo num momento em que a violência e a mutilação parecem ser as marcas registradas dominantes. Em geral, os Anjos são representados por figuras brancas, loiras e de olhos azuis. Eles não julgam ninguém nem exigem nada de nós. Um autor observou: "Algumas pessoas pensam que o Anjo da Guarda é o seu Eu Superior, outras acham que é um ser à parte. Escolha a explicação que melhor lhe agradar." Os Anjos do século XX não são impositivos, mas extremamente dóceis, tão graciosos quanto um urso de pelúcia, e estão sempre por aí a fazer coisas boas para nós. Uma autora de sucesso recentemente atribuiu seu êxito literário à intervenção angélica com o editor, e um ator famoso atribuiu seu êxito a seu Anjo.

De que se trata, afinal, toda essa "anjomania" e como ela se equaciona com a antiga crença em Anjos, que foi uma parte importante do Judaísmo, do Cristianismo, do Islamismo, do Zoroastrismo e da maioria das grandes religiões? Anjos como intermediários entre o céu e a terra são encontrados em muitas escrituras sagradas. Eles visitaram Abraão, lutaram com Jacó, salvaram Daniel da cova dos leões, anunciaram a Maria a vinda de Jesus, ajudaram Jesus no deserto, libertaram o Apóstolo Paulo da prisão.

Em todas as épocas, tem havido uma especulação interminável sobre a natureza, o número e a categoria dos seres angélicos que resultou em uma contagem populacional de cerca de 4 milhões de Anjos no século XIV. Posteriormente, Martinho Lutero disse que esse número se aproximava de 10 trilhões.

A atual fascinação pelos Anjos se deve a essas tradições, inclusive à crença em um Anjo da Guarda pessoal que muitos afirmam existe dormente em todos nós, mas que é acordado em qualquer momento crítico de nossa vida. Além disso, Anjos têm inspirado a prosa, a poesia e a música, bem como as artes plásticas e o teatro.

Portanto, o que há de errado com o novo aspecto dos Anjos de hoje, que não pertence a nenhuma congregação eclesiástica, é tão encantador e basicamente inofensivo? Peter Steinfels sugere que o que a presente proposta oferece é um tipo de teoria chamada "Angels R Us" [Os Anjos somos nós], um apelo de *marketing* que diz: "Todos temos um, portanto, vamos fazê-los trabalhar para nós, e até mesmo nos tornarmos um deles." Essa é uma atitude oportunista, e de maneira nenhuma consoante com a tradição do passado.

Eu tenho uma questão mais importante a esse respeito. Onde estão os Anjos para os quase 44 milhões de pessoas de nosso mundo que vivem na condição de refugiados, ou que enfrentam situações de refugiados nesse momento? O Alto Comissariado das Nações Unidas para Refugiados estima que um em cada 130 pessoas na Terra é um expatriado, ou então um refugiado. Cinco milhões estão em campos de refugiados, o restante se encontra amontoado em frágeis embarcações em alto-mar, se enfileiram em estradas poeirentas ou se aglomeram em ruas ou em becos urbanos. Cerca de 70 por cento são mulheres e crianças. Muitos são idosos. Todos estão famintos e lutando desesperadamente para sobreviver nos mais sombrios rincões de nosso mundo. E seus Anjos, onde estão?

Talvez seja aí que nós entremos. Nós, que acreditamos estar em contato com seres angélicos, talvez tenhamos de aceitar um novo papel de responsabilidade para com nosso mundo. Uma visão estritamente secular do mundo jamais foi uma explicação totalmente satisfatória para a realidade. Talvez essa nova celebração de Anjos seja nada mais nada menos do que uma declaração de que o universo é mais misterioso, ilimitado e mais rico de forças espirituais do que uma visão puramente materialista admitiria. Talvez o que precisemos ouvir novamente seja que a nós todos foram designados papéis de Anjos na tarefa de ajudar a aperfeiçoar parte do que é necessário em nosso mundo.

(In: *Os Anjos — Nossos Protetores Celestes*, David Connolly, Editora Cultrix, 1993.)

> Os Anjos são criaturas da imaginação, mas isso não significa que sejam menos reais do que nós. Os Anjos podem coexistir conosco em nosso mundo particular de idéias, pensamentos e imagens.

*Francis Jeffrey*

# Talismã

Existe um talismã que poderá ajudar em sua proteção. Como há diferença entre uma Bíblia e outra pode acontecer que nos salmos da sua não esteja o versículo correspondente ao seu anjo. Então você deve desdobrá-lo, por exemplo: vers. 125 = 1+2+5 = 8. Para simplificar, já fiz esse desdobramento e na tabela a seguir, você encontrará no nome de seu anjo, o versículo correspondente a ele.

O talismã do anjo de guarda é muito fácil de ser feito. Escreva em um pedaço de papel, o versículo correspondente ao seu anjo; dobre e coloque em um saquinho de seda vermelha. Acenda um incenso, segure o saquinho sobre a fumaça e faça a oração:

"Em nome do Todo-Poderoso, o criador do céu e da terra, em nome do anjo Rafael, em nome do anjo (nome do seu anjo) e de todos os príncipes e serafins; em nome de Adiriron, Deus que cura e que sustém nas suas mãos as gerações das alturas e as terrestres, concede-me bom êxito, a mim que escrevo este amuleto para (seu nome completo) que ele proteja os duzentos e quarenta e oito membros do meu corpo; que este talismã me preserve do cativeiro e do gládio perfurante, que me ajude, que me dê sucesso e me salve dos maus, da má língua, de um adversário invencível, de todos aqueles que se levantam contra mim para prejudicar em atos, falatórios, maquinações ou maus desígnios. Concede-me a graça, benevolência do seu trono divino, aos olhos de todas as criaturas de boaventura. Amém!"

Mantenha esse talismã sempre junto de você, de preferência próximo ao corpo. Se em algum momento você precisar de ajuda, segure-o com a mão esquerda e repita três vezes o nome de seu anjo.

(In: *A Magia dos Anjos Cabalísticos*, Monica Buonfiglio, Editora Oficina Cultural Esotérica, 1994.)

## A ARTE DE VIVER

HESÍODO - Poeta grego, nascido na Beócia. Tudo o que se sabe sobre Hesíodo é narrado por ele próprio em seus poemas. Seu pai possuía uma pequena empresa de navegação na Eólia e, tendo ficado arruinado, retornou para a Beócia, onde nasceu e morreu Hesíodo. Após a morte de seu pai, uma questão de herança entre ele e seu irmão Perses, deu origem ao poema: *Os Trabalhos e os Dias*, tendo como tema de fundo a polêmica travada com o irmão. Sua obra principal é a *Teogonia*, uma fusão de história, autobiografia e gênesis (criação e formação do mundo e dos deuses do Olimpo). Viveu em meados do século VIII a.C.

**"**

Espíritos aéreos, destinados pelo grande Júpiter, para serem na Terra, os guardiões da Humanidade; invisíveis a olhos mortais; tomam conta de nossos atos, cá embaixo.

**"**

## A ARTE DE VIVER

# Lúcifer

Como caíste do céu, Lúcifer, estrela d'alva! Tu, que dizias em tua mente: subirei ao céu, exaltarei o meu trono acima das estrelas de Deus, para além das mais altas nuvens — serei semelhante ao Altíssimo!

E agora, foste lançado ao inferno, às ínfimas profundezas da terra". (Isaías, 14,12-15).

No texto acima, escrito durante o exílio babilônico, 600 anos antes da Era Cristã, pelo maior dos profetas hebreus, Lúcifer é chamado estrela d'alva (em grego: *eosfóros*, portador da aurora), talvez por ter sido a mais deslumbrante das entidades angélicas.

O Apocalipse de João diz que o "dragão", quando foi expulso do céu, arrastou consigo um terço das estrelas celestes rebeladas contra Deus.

O céu, como se vê, não é um lugar definitivo, e as criaturas dotadas de livre-arbítrio não se acham numa meta estática e definitiva de evolução; podem assumir atitude pró ou contra Deus.

Lúcifer, que, daí por diante, é chamado *satan* (adversário) ou *diábolos* (opositor), foi lançado das regiões superiores (céu) para as regiões inferiores (inferno), onde ele domina as profundezas da terra, como o tentador afirma, e como O Cristo confirma: "O príncipe deste mundo, que é o poder das trevas, tem poder sobre vós".

O mundo das criaturas dotadas de consciência

e livre-arbítrio, tanto celestes como terrestres, não é um mundo de *robôs*, padronizados, mas de entidades em evolução, responsáveis por seus atos.

Não há nenhum museu celeste nem infernal.

A mais deslumbrante mentalidade celeste quis ser semelhante ao Altíssimo pelo poder da sua inteligência, e por isso foi lançada às regiões inferiores. Houve uma grande luta no céu, escreve João, no Apocalipse, e o campeão das falanges fiéis a Deus derrotou Lúcifer e seus adeptos com o brado: "Quem-como-Deus?" (em hebráico: *Mi-cha-el*).

Um terço das falanges celestes foi lançado às regiões inferiores da terra, onde continuam a sua luta, tentando revoltar os habitantes terrestres contra Deus. Entretanto, uma criatura dotada de livre-arbítrio não pode ser forçada por nenhuma outra, que apenas lhe pode dificultar a evolução ascensional. Segundo as leis cósmicas, essa oposição lucífica faz parte da evolução humana, porque sem resistência não há evolução.

Acima dessa antítese de dois poderes em luta, existe a Tese do Poder Único e Absoluto da Divindade. No mundo infra-hominal (natureza), as antíteses evolutivas são sintetizadas automaticamente pelo Poder Supremo, ao passo que, no mundo hominal, devem as antíteses sintetizar-se pela liberdade da própria criatura. Tanto a "luz do mundo" como o "poder das trevas" estão a serviço do Poder Supremo e Único da Divindade. O destino cósmico é indestrutível e infalível, ao passo que o destino humano depende da criatura livre, oscilando entre a felicidade e infelicidade dela.

Lúcifer, o pólo negativo da evolução humana, deve agir naturalmente como fator de retaguarda —

mas ele tem a tendência de usurpar o pólo positivo da vanguarda, desequilibrando, assim, a harmonia do microcosmo humano (pecado). Por isso nos livros sacros, a ordem que o pólo positivo da vanguarda (Cristo) dá ao pólo negativo da retaguarda é invariavelmente: "Vai à retaguarda" *(vade reretro)*.

Concorda com isto a sabedoria milenar da Bhagavad Gita, como dissemos, quando afirma que o ego (negativo, retaguarda) é o pior inimigo do Eu (positivo, vanguarda), mas que o Eu é o melhor amigo do ego. E acrescenta: "O ego é um péssimo senhor da nossa vida, mas é um ótimo servidor".

Toda a harmonia cósmica se baseia no equilíbrio dinâmico entre dois pólos evolutivos, que regem todo o Universo: O *Uno* da Essência Absoluta, que rege o Verso, das Existências Relativas. As leis cósmicas não conhecem nem *identidade nem contrariedade; os* pólos da antítese são sempre complementares, devendo ser sintetizados, seja pelo Poder Supremo, como no mundo infra-hominal, seja pelo livre-arbítrio, como deve ser no mundo das criaturas livres.

No mundo hominal do Universo, o *Verso* das antíteses complementares é reduzido à síntese do *Uno* pela consciência criadora do livre-arbítrio.

O grande tratado de paz, a harmonia entre a antítese dos pólos complementares da natureza humana, só pode ser obtido pela soberania do Eu sobre o ego, ou seja, pela voluntária integração do ego inferior no Eu superior do homem.

É esta a perfeição e felicidade do homem.

(In: *Estratégias de Lúcifer*, Huberto Rohden, Editora Martin Claret, 1990.)

## A ARTE DE VIVER

SÃO FRANCISCO SALES - Bispo e doutor da Igreja Católica. Descendente de uma família nobre de Sabóia. Laureou-se em jurisprudência pela Universidade de Pádua, mas decepcionou as pretensões paternas quando resolveu seguir a carreira eclesiástica. Quando foi bispo titular em Genebra, à época do Calvinismo, introduziu na diocese as reformas do Concílio de Trento. Foi canonizado em 1655. Escreveu dois tratados que lhe deram o título de doutor da igreja e um deles é o *Tratado do Amor de Deus*. (1567 - 1622).

**"**

Familiariza-te com os Anjos, e contempla-os freqüentemente em espírito; pois sem serem vistos, eles estão presentes ao teu lado.

**"**

## A ARTE DE VIVER

# Quem São os Sete Anjos da Presença de Deus de Apocalipse 8,2.6?

Na tradição judaica do Antigo Testamento, fala-se com freqüência de anjos especiais que são quase que encarnações de Deus ou manifestações de sua ação; é por vezes difícil distinguir num texto concreto se quem fala é o próprio Deus ou um anjo; como exemplos disso, vejam-se as narrativas de Gn. 18 e 22.

No Antigo Testamento, mencionam-se anjos especiais que têm por missão instruir e guiar, em casos difíceis, o povo eleito, defendendo-o em suas lutas (cf. Ex 23,20-23 sobre a missão do anjo da guarda de Israel; 2Rs 19,35, em que o anjo do Senhor destrói o exército assírio de Senaquerib); esses anjos têm missões especiais de salvação e são intercessores que rezam diante de Deus em favor do povo.

As fontes bíblicas mencionam sete anjos especiais que *"estão diante de Deus"* (cf. Tb 12,14 e Ap 8,2.6), de maneira paralela a certas personagens nobres que tinham acesso ao trono dos reis. Os livros apócrifos judeus dão os nomes desses anjos; todos acabam em "El", que é um dos antigos nomes dados a Deus pelos judeus, razão pela qual esses anjos têm relação especial com a presença e a ação de Deus. Os nomes, com seus significados, são:

> *Rafael* — Cura ou medicina de Deus.
> *Miguel* — Aquele que é como Deus.
> *Gabriel* — Força ou fortaleza de Deus.
> *Uriel* — Fogo de Deus.
> *Ragüel* — Amigo de Deus.
> *Sariel* — Príncipe de Deus.
> *Remiel* — Excelência de Deus.

O Apocalipse, seguindo a crença judaica, faz constantes alusões aos anjos especiais ou de categoria superior; muitos os vêem como figuras poéticas que servem para descrever a ação direta de Deus. Em Ap 1,4 e 5,6, fala-se dos sete Espíritos que estão na presença de Deus; em Ap 4,5 há referência a sete lâmpadas de fogo que parecem remeter a esses anjos.

(In: *O Apocalipse — Em Perguntas e Respostas*, Juan Ignacio Alfato, Edições Loyola, 1996.)

> **O bem e o mal que fazemos estão escritos no nosso cérebro, e os anjos descobrem a nossa autobiografia.**

*Emanuel Swedenborg*
(Filósofo teosofista escandinavo)

# Os Elementais

Os Elementais são os protetores da natureza. Eles são considerados os primos dos Anjos. Ajudam as plantas e os animais, assim como os Anjos protegem os seres humanos.

Os Elementais têm a missão de estimular as forças do Universo, pois governam os 4 elementos: Ar, Fogo, Água, Terra. Estão em último lugar na Hierarquia dos seres Angélicos.

O Reino dos Elementais é responsável pela paisagem da Terra e de toda vida existente.

Todos os países do Mundo os conhecem sob diversos nomes.

Os egípcios os chamavam pelo nome de Afrits; em alguns países da África eles são os Yawahu, em outros, os Ghoddis; os persas chamavam-nos de Daevas; entre os povos da Ásia eles eram chamados de Phiyes; entre os gregos eles eram os Daemons e no Japão eles são conhecidos como Oni.

A Cabala Hebraica afirma que eles vivem no Mundo de ASSIAH (Material), são chamados de Sheddin e governam os 4 elementos.

O precursor do estudo sobre os Elementais foi o médico e alquimista do século XVI, Paracelso. Após anos de estudo, ele dividiu os espíritos da natureza em 4 grupos genéricos, de acordo com os 4 elementos: aos Elementais da água ele chamou de ONDINAS, aos do fogo ele intitulou de SALAMANDRAS, aos da terra GNOMOS e aos do ar SILFOS.

Segundo Paracelso os Elementais são constituídos por uma massa especial, menos densa que a dos seres humanos e têm hábitos semelhantes aos nossos. Têm o poder de atravessar pedras e não são influenciados pela lei da gravidade.

Geoffrey Hodson afirma em diversos livros seus, publicados sobre os Elementais, que durante a época em que as sementes plantadas estão germinando, os espíritos da natureza surgem do Mundo Astral e cuidam, com todo carinho, da nova planta. Então eles cantam e dançam, imitando os seres humanos e, nessa época, os seres encantados podem ser vistos facilmente.

Eles estão sempre trabalhando para que a natureza funcione mecanicamente e, quando isto ocorre, eles assumem seu aspecto real, aparecem como pontos luminosos ou pequenas luzes coloridas pelo ar.

Você já deve ter passado pela experiência de estar distraído e ver repentinamente pequeninos pontos luminosos dançando pelo ar, achou que poderiam ser vaga-lumes ou ilusão de ótica, não deu importância e esqueceu o assunto.

Você estava enganado!

Saiba que quando isso ocorre, são os Elementais que estão querendo entrar em contato com você. Então, o melhor a fazer é entrar na sintonia deles e não ignorar essa presença espontânea. Saiba que você é uma pessoa privilegiada, pois não é todo dia que estes seres estão dispostos a dar o ar de sua graça. Aproveite para conversar, questionar, pedir conselhos. Espere porque a resposta às suas dúvidas virão em forma de sinais da natureza.

Os estudiosos afirmam que, quando visualizamos pontos luminosos vermelhos, laranjas ou rosas, são as Salamandras que estão presentes. Quando forem pontos azuis ou verdes são as Ondinas. Pontos luminosos brancos, prateados ou lácteos indicam que os Silfos estão presentes. Quando aparecem luzes marrons, cinzas, negras ou violetas é sinal de que os Gnomos estão por perto.

Os Elementais podem assumir qualquer forma, num piscar de olhos, mas ao se fazerem visíveis, geralmente assumem as formas e padrões humanos de camponeses medievais, por causa da Egrégora (Forma de pensamento) que se criou em torno deles. Na realidade, eles ficam felizes em assumir uma forma que já exista, assim como uma criança gosta de se fantasiar com um disfarce de um super-herói.

Os pesquisadores afirmam que alguns Elementais se parecem muito com os habitantes da antiga e extinta Lemúria. Carregam ferramentas, bastões, grinaldas, cinturões e podem aparecer das mais variadas formas. Isso só vai depender da imaginação da pessoa que os visualiza.

Se você quiser atrair a energia e simpatia dos Elementais para o seu lar, distribua vasos com plantas e flores por todas as dependências de sua casa, espalhe cristais ou mesmo pedras comuns nos lugares em que você costuma ficar com mais freqüência, sempre queime um incenso, pois ele proporciona paz mental e espiritual, além de atrair a energia dos Silfos, que são os Elementais responsáveis pela tranqüilidade.

Os povos europeus costumavam fazer oferendas ao Elemental que protegia o lar. Algumas pessoas chegavam ao ponto de separar pratos e lugar na mesa para esses seres na hora das refeições.

O lendário Saci-Pererê pode ser considerado um Elemental tipicamente brasileiro. Contam as lendas que ele atormentava as pessoas que entravam nas florestas sem fazer-lhe oferendas de fumo-de-corda.

Podemos rastrear esse mesmo costume entre o povo yorubá. É hábito entre os nigerianos, antes de entrarem nas florestas, deixarem oferendas de fumo-de-corda, mel e moedas aos pés de uma árvore em louvor ao Orixá Ossain e seu famoso companheiro de uma perna só chamado Aroni.

Os Elementais protegem toda a fauna e flora da Terra, são inimigos dos agressores dos mares, rios e florestas. Para eles, nada na natureza é insignificante e tudo nela é insubstituível.

Com o tempo você vai aprender como entendê-los, como senti-los, como se aproximar deles e conquistar sua amizade.

Respeite a natureza em todos os sentidos. A partir daí, eles o ajudarão em todos os momentos de sua vida.

(In: *Anjos — Mensageiros do Infinito*, Claudiney Prieto, Zenda Editorial, 1996.)

## A ARTE DE VIVER

SÃO JOÃO - Apóstolo e evangelista. Filho de Zebedeu e irmão de Tiago Maior. Sua profissão: pescador. Originário de Betsaida. João ocupa um lugar de primeiro plano no elenco dos apóstolos. É autor do *Quarto Evangelho* e do *Apocalipse*. Segundo consta, ele e seu irmão Tiago, também apóstolo de Jesus, receberam do Mestre o epíteto de "Filhos do Trovão", devido ao temperamento vivaz e impulsivo. João morreu em Éfeso com idade avançada. A data é estimada entre 98 e 117 d.C. Não se conhece a data do seu nascimento.

66

*...E vi os sete Anjos que estavam diante de Deus, e foram-lhe dadas sete trombetas. E veio outro Anjo, e pôs-se junto ao altar, tendo à mão um incensário de ouro.*

99

## A ARTE DE VIVER

# Jesus e o Anjo Gabriel

### *A vinda do Messias Filho de Deus* q

No sexto mês ʳ, o anjo Gabriel foi enviado por Deus a uma cidade da Galiléia, chamada Nazaré, a uma virgem desposada com um varão chamado José, da casa de Davi; e o nome da virgem era Maria. Entrando onde ela estava, disse-lhe: "Alegra-te, cheia de graças, o Senhor está contigo!" Ela ficou intrigada com esta palavra e pôs-se a pensar qual seria o significado da saudação. O anjo, porém, acrescentou: "Não tenhas medo, Maria! Encontraste graça junto de Deus. Eis que conceberás e darás à luz um filho, e o chamarás com o nome de Jesus. Ele será grande, será chamado Filho do Altíssimo, e o Senhor Deus lhe dará o *trono de Davi*, seu pai; ele *reinará* na casa de Jacó *para sempre,* e o seu reinado não terá fim ᵗ." Maria, porém, disse ao anjo: "Como é que vai ser isso, se eu não conheço homem algum?" O anjo respondeu: "O Espírito Santo virá sobre ti, e o poder do Altíssimo vai te cobrir com a sua sombra ᵛ; por isso o *Santo* que nascer *será chamado* Filho de Deus. Também Isabel, tua parenta, concebeu um filho na velhice, e este é o sexto mês para aquela que chamavam de estéril. *Para Deus, com efeito, nada é impossível.*" *Disse*, então, Maria: "Eu sou a serva do Senhor; faça-se em mim segundo a tua palavra!" E o anjo retirou-se.

## As duas mães se encontram

Naqueles dias Maria pôs-se a caminho para a região montanhosa, dirigindo-se apressadamente a uma cidade de Judá [w]. Entrou em casa de Zacarias e saudou Isabel. Ora, quando Isabel ouviu a saudação de Maria, a criança lhe estremeceu no ventre, e Isabel ficou repleta do Espírito Santo. Com um grande grito, exclamou: "Bendita és tu entre as mulheres, e bendito é o fruto do teu ventre! Donde me vem que a mãe do meu Senhor [x] me visite? Pois quando a tua saudação chegou aos meus ouvidos, a criança estremeceu de alegria em meu ventre. Feliz a que acreditou, pois o que lhe foi dito da parte do Senhor [y] será cumprido!":

## Magnificat: a esperança dos pobres

Maria [z], então, disse:

*"A minha alma engrandece o Senhor,
e o meu espírito exulta em Deus, meu Salvador,
porque olhou para a humildade de sua serva. Sim!
Doravante as gerações todas me chamarão de bem-aventurada,
pois o Todo-poderoso fez grandes coisas por mim.
O seu nome é santo,
e sua misericórdia perdura de geração em geração,
para aqueles que o temem.
51 Agiu com a força de seu braço,
dispersou os homens de coração orgulhoso.
Depôs poderosos de seus tronos,*

*e a humildes exaltou.*
*Cumulou de bens a famintos,*
*e despediu ricos de mãos vazias.*
*Socorreu Israel, seu servo,*
*lembrado de sua misericórdia,*
*— conforme prometera a nossos pais —*
*em favor de Abraão e de sua descendência para sempre!"*

Maria permaneceu com Isabel mais ou menos três meses, e voltou para sua casa [a].

---

*q)* Lucas dispõe em díptico as narrativas concernentes ao nascimento e à infância de João e de Jesus. Narra sob o ponto de vista de Maria, enquanto Mateus apresenta-as sob o prisma de José.

*r)* A contar da concepção de João.

*s)* "Alegra-te", melhor do que "Ave". Apelo à alegria messiânica, eco do convite dos profetas à Filha de Sião e motivado, como ele, pela vinda de Deus em meio a seu povo (cf. Is 12,6, Sf 3,14-15; Jl 2, 21-27; Zc 2,14;9,9). — "cheia de graça", lit.: "tu que foste e permaneces repleta do favor divino". — Ad.: "Bendita és tu entre as mulheres", por influência de 1,42.

*t)* As palavras do anjo inspiram-se em várias passagens messiânicas do Antigo Testamento.

*u)* A "virgem" Maria é apenas noiva (v.27) e não tem relações conjugais (sentido semítico de "conhecer", cf. Gn 4,1, etc.). Este fato, que parece opor-se ao anúncio dos v v.31-33, induz à explicação do v.35. Nada no texto impõe a idéia de um voto de virgindade.

*v)* A expressão evoca, seja a nuvem luminosa, sinal da presença de Iahweh (cf. Ex 13,22+;19,16+ ;24,16+), sejam as asas do pássaro que simboliza o poder protetor (Sl 17,8;57,2;140,8) e criador (Gn 1,2) de Deus. Comparar Lc 9,34p. Na concepção de Jesus, tudo provém do poder do Espírito Santo.

*w)* Hoje identificada de preferência com Ain Karim, 6 km a oeste de Jerusalém.

*x)* Título divino de Jesus ressuscitado (At 2,36+; Fl 2,11+), que Lucas lhe atribui desde a vida terrestre, com mais freqüência que Mt - Mc: 7.13:10, 1.39. 41:11, 39, etc
*y)* De Deus. — Ou: "E bem-aventurada és tu que acreditaste, pois cumprir-se-á o que te foi prometido da parte do Senhor."
*z)* "Maria" e não Isabel, var. sem fundamento suficiente. — O cântico de Maria inspira-se no cântico de Ana (1Sm 2,1-10), e em muitas outras passagens do Antigo Testamento. Além das principais semelhanças literárias, sublinhadas nas referências marginais, notem-se os dois grandes temas: 1.°- Os pobres e pequenos socorridos, em detrimento de ricos e poderosos (Sf 2,3+; cf. Mt 5,3+ ); 2.°- Israel, objeto da graça de Deus (cf. Dt 7,6+, etc.), depois da promessa feita a Abraão (Gn 15,1+ ;17,1+ ). Lucas deve ter encontrado este cântico no ambiente dos "Pobres", onde era talvez atribuído à Filha de Sião, julgou conveniente colocá-lo nos lábios de Maria, inserindo-o em sua narrativa em prosa.
*a)* Maria permaneceu provavelmente com Isabel até o nascimento e a circuncisão de João. Lucas esgota o assunto antes de passar a outro. Cf. 1.64-67; 3.19-20:8.37-38.

(In: *A Bíblia de Jerusalém* (Lc 1,26-56), Novo Testamento, Edições Paulinas, 1981.)

## A ARTE DE VIVER

SÃO JOÃO BOSCO
- Presbítero da Igreja Católica. Nasceu em Castelnuovo d'Asti. É popularmente conhecido como Dom Bosco. Fundou duas congregações religiosas: a Irmandade dos Padres Salesianos e as Irmãs Filhas de Maria Auxiliadora. Foi escritor de muitos artigos religiosos. Fundou escolas tipográficas, revistas e editoras para difundir os ensinamentos católicos. Foi intermediário entre a Santa Sé e o governo italiano. Canonizado em 1934. (1815-1888).

> **"**
> O desejo de ajudar-nos que anima o nosso Anjo da Guarda é muito maior que nosso desejo de sermos ajudados por ele.
> **"**

**A ARTE DE VIVER**

# Jesus e os Anjos de Deus

### A tentação no deserto ⁿ

Então Jesus foi levado pelo Espírito º para o deserto, para ser tentado pelo diabo ᵖ. Por quarenta dias e quarenta noites esteve jejuando. Depois teve fome. Então, aproximando-se o tentador, disse-lhe: "Se és Filho de Deus ᑫ, manda que estas pedras se transformem em pães." Mas Jesus respondeu: "Está escrito:

*Não só de pão vive o homem,
mas de toda palavra que sai da boca de Deus."*

Então o diabo o levou à Cidade Santa e o colocou sobre o cimo do Templo e disse-lhe: "Se és Filho de Deus, atira-te para baixo, porque está escrito:

*Ele dará ordem a seus anjos a teu respeito,
e eles te tomarão pelas mãos,
para que não tropeces em alguma pedra."*

Respondeu-lhe Jesus: "Também está escrito:

*Não tentarás ao Senhor teu Deus."*

Tornou o diabo a levá-lo, agora, para um monte muito alto. E mostrou-lhe todos os reinos do mundo com o seu esplendor e disse-lhe: "Tudo isto te darei, se, prostrado, me adorares." Aí Jesus lhe disse: "Vai-te, Satanás, porque está escrito:

*Ao Senhor teu Deus adorarás*
*e só a ele prestarás culto.*"

Com isso, o diabo o deixou. E os anjos de Deus se aproximaram e puseram-se a servi-lo.

---

*n)* Jesus é conduzido ao deserto para ser tentado durante quarenta dias, como outrora Israel foi tentado por quarenta anos (Dt 8,2.4; cf. Nm 14,34). Aí passa por três tentações análogas, reforçadas pelas citações: a de buscar o seu alimento sem o auxílio de Deus (Dt 8,3; cf. Ex16), a de tentá-lo para satisfazer-se (Dt 6,16; cf. Ex 17,1-7), a de renegá-lo para seguir os deuses falsos que asseguram o poder deste mundo (Dt 6,13 cf. Dt 6,10-15; Ex 23,23-33). Como Moisés, Jesus luta por meio de um jejum de quarenta dias e quarenta noites (Dt 9,18; cf. Ex 34,28; Dt 9,9); como ele, Jesus contempla "toda a terra" do alto de uma montanha elevada (Dt 34,1-4). Deus o assiste com os seus anjos (v.ll), conforme prometeu ao Justo (Sl 91,11-12), e, segundo Mc 1,13, protege-o dos animais ferozes, como o Justo (Sl 91,13), e como fez outrora a Israel (Dt 8-15). Graças a essas reminiscências bíblicas, Jesus aparece como o novo Moisés (ver já 2,16+.20 e Ex 4,19), que conduz o novo êxodo (cf. Hb.3,1-4,11); isto é, como o Messias, conforme o diabo já suspeitava em conseqüência do batismo ("se és Filho de Deus..."), que abre o verdadeiro caminho da salvação, não o da confiança em si e da facilidade, mas o da obediência a Deus e da abnegação. A apresentação bíblica não impede que o episódio seja histórico. Embora isento de pecado, Jesus podia conhecer seduções externas (cf. Mt 16,23), e era necessário que ele fosse tentado, a fim de tornar-se o nosso chefe (cf. Mt 26,36-46p; Hb 2,10.17-18; 4,15; 5,2.7-9). Era pre-

ciso que encarasse a possibilidade de um messianismo
poliítico e glorioso, a fim de preferir a ele um messianismo
espiritual pela submissão completa a Deus (cf. Hb 12,2).
*o)* O Espírito Santo. "Sopro" e energia criadora de Deus, que
dirigia os profetas (Is 11,2+; Jz 3,10+), vinha dirigir o próprio
Jesus no cumprimento da sua missão (cf. 3,16+; Lc 4,1 +), como
mais tarde iria dirigir a Igreja no seu início e no seu desenvolvimento (At 1,8+ ).
*p)* Este nome, que significa "acusador", "caluniador", traduz
às vezes o hebraico *satan* (adversário, Jó 1,6+; cf. Sb 2,24+). O
portador desse nome — visto que se aplica a levar os homens à transgressão — é considerado como responsável por
tudo aquilo que se opõe à obra de Deus e de Cristo: 13,39p;
Jo 8,44;13,2; At 10,38; Ef 6,11; IJo 3,8, etc. A sua derrota assina-
lará a vitória final de Deus (Mt 25,41; Hb 2,14; Ap
12,9.12;20,2.10).
*q)* O título bíblico "Filho de Deus" não indica necessariamente
uma filiação natural; antes, pode sugerir simplesmente uma
filiação adotiva, que resulta de uma escolha divina, estabele-
cendo relações de uma intimidade especial entre Deus e a
criatura. Assim, a expressão se aplica aos anjos (Jó 1,6), ao
povo eleito (Ex 4,22; Sb 18,13), aos israelitas (Ot 14,1; Os 2,1;
cf. Mt 5,9.45, etc.), aos seus chefes (Sl 82,6). Segue-se que
quando usado a respeito do Rei-Messias (ICr 17,13; Sl
2,7;89,27), não se conclui necessariamente que este seja mais
do que humano; e não há necessidade de ver mais do que
isso no pensamento de Satanás (Mt 4,3.6), dos endemo-
ninhados (Mc 3,11;5,7; Lc 4,41), e, *a fortiori*, do centurião (Mc
15,39, cf. Lc 23,47). Mesmo a voz ouvida no batismo de Jesus
(Mt 3,17), e na transfiguração (17,5), por si só não sugeriria
mais do que o favor especial concedido ao Messias-Servo;
enquanto a pergunta do Sumo Sacerdote (26,63) não ia certamente além desse sentido messiânico. Entretanto, o título
"Filho de Deus" pode ter o sentido mais elevado de uma
filiação propriamente dita. Ora, Jesus sugeriu claramente esta
significação especial, ao designar-se como "o Filho" (21,37),
superior aos anjos (24,36), tendo Deus por "Pai", em um sentido todo especial (Jo 20,17 e cf. "meu Pai", Mt 7,21 etc.), pois
que mantinha com ele relações únicas de conhecimento e de

amor (Mt 11,27). Essas declarações, reforçadas por outras a respeito da natureza divina do Messias (22, 42-46), e a respeito da origem celeste do "Filho do Homem" (8,20+ ), confirmadas finalmente pelo triunfo da ressurreição, deram à expressão "Filho de Deus" o sentido propriamente divino que se encontra, por exemplo, em São Paulo (Rm 9,5+ ). Se os discípulos não tiveram uma consciência bem clara do fato durante a vida de Jesus (entretanto Mt 14,33 e 16,16, acrescentando essa expressão ao texto mais primitivo de Mc, refletem, sem dúvida, uma fé mais evoluída), a fé que alcançaram definitivamente após a Páscoa, com o auxílio do Espírito Santo, nem por isso se apóia menos realmente sobre as palavras históricas do Mestre, que revelou, até onde podiam suportá-lo os seus contemporâneos, a consciência de ser ele o próprio Filho do Pai.

(In: *A Bíblia de Jerusalém* (Mt 4, 1-11), Novo Testamento, Edições Paulinas, 1981.)

> "Eis que enviarei um Anjo diante de ti para que te guarde no caminho e te conduza ao lugar que te preparei. Respeita-o e ouve a tua voz."

Êxodo (23:20/21)

## A ARTE DE VIVER

# Os Anjos e as Palavras

Os Anjos são também chamados de "Grandes Seres da Música da Palavra", razão pela qual algumas palavras são associadas aos seus nomes:

METATRON: Propósito, Silêncio, Verdade, Amor, Irradiação.
RATZIEL: Sabedoria, Unicidade/ Unidade, Entrega, Purificação, Inclusividade, Síntese.
TZAPHKIEL: Compreensão, Clareza, Confiança, Flexibilidade.
ZEDEKIEL: Misericórdia, Compreensão.

### Os Anjos e as cores

*Metatron* - Branco
*Ratziel* - Cinza
*Tzaphkiel* - Preto
*Zedekiel* - Azul
*Kamael* - Vermelho
*Michael* - Amarelo
*Uriel* - Verde
*Raphael* - Laranja
*Gabriel* - Violeta

## A ARTE DE VIVER

EMERSON (Ralph Valdo) - Ensaísta, conferencista, filósofo e poeta norte-americano, nascido na cidade de Boston. Estudou em Harvard com a perspectiva paterna de se tornar ministro religioso. Por algum tempo Emerson exerceu a função de Pastor em sua cidade natal. Contudo, uma divergência doutrinária fê-lo desistir e retirar-se da Igreja. Desenvolveu a filosofia transcendentalista, exposta em suas obras: *Natureza* e *Sociedade e Solidão*, entre outras. Segundo consta, o transcendentalismo exerceu grande influência sobre a vida intelectual norte-americana do século XIX. (1803 - 1882).

> *Todo homem projeta um Anjo em seu Eu futuro.*

# Minha Sinfonia Inacabada

Se a vida eterna fosse uma chegada estática, e não uma jornada dinâmica...
Preferia eu a vida terrestre à vida celeste.

Não me interessa uma parada acabada — interessa-me somente uma jornada inacabada.

Alguém me disse que a vida eterna é um incessante jornadear — rumo ao Infinito.

Um jornadear em linha reta — longe de todos os ziguezagues.

E esse Alguém é a "voz silenciosa", que me fala, quando eu me calo.

A "voz silenciosa" não é o meu ruidoso ego humano — é o meu silente Eu divino.

É a alma do Universo, que pensa em mim — porque eu e o Universo somos um.

É o Deus do mundo no mundo de Deus.

É a invisível Realidade no meio de todas as facticidades visíveis.

É a voz do Além que me fala em todas as coisas do Aquém.

Essa "voz silenciosa" me disse que sou um eterno viajor — um feliz possuidor e um feliz buscador.

Feliz por estar na linha reta rumo ao Infinito —

e feliz porque o meu finito está sempre a uma distância infinita do Infinito.

Que farias tu, minha alma, se tivesse chegado a uma meta final?

Repousarias nessa eterna aposentadoria celeste?

E não seria essa vida eterna uma morte eterna? Uma mortífera passividade?

Mas eu sei que minha vida eterna é eterna atividade.

Por isto sou feliz, por demandar o Infinito numa jornada sem fim.

Minha vida eterna é uma eterna sinfonia.

Uma sinfonia inacabada.

É o que me diz a "voz silenciosa" que eu escuto com os ouvidos da alma, quando todos os ruídos se calam.

E essa sinfonia não começa após a morte — ela canta em plena vida terrestre, aqui e agora.

Morrer não é um fim nem um começo — é uma simples continuação da mesma vida de hoje, em uma das muitas moradas que há em casa do Pai celeste.

Quem ainda tem medo da morte não começou a viver realmente.

A sinfonia da vida é uma sinfonia eternamente inacabada.

(In: *De Alma para Alma*, Huberto Rohden, Editora Martin Claret, 1990.)

## A ARTE DE VIVER

SÃO TOMAZ DE AQUINO - Teólogo, filósofo, escritor e doutor da Igreja Católica. Filho de nobres, nasceu no Castelo de Rocca Secca (Reino de Nápoles). Estudou e consagrou-se mestre de filosofia e teologia em Paris, onde recebeu o apelido de "Boi Mudo" por ser manso e silencioso. Seus escritos constituem um dos baluartes da Igreja Católica, dando origem à filosofia "tomista."
Sua obra principal é a *Suma Teológica*. Na Igreja Católica seu dia é comemorado a 28 de janeiro. (1225 - 1274).

"

**Tendo expressado suas perfeições em seres diversos, e portanto, em formas diferentes, era mister que Deus os criasse em graus diferentes de perfeição. Donde decorre, que os seres apresentam uma ordem hierárquica.**

"

# Orações Angelicais

## Invocação dos Anjos

Em nome do Pai do Filho do Espírito Santo.
Glória a Deus nas alturas e paz na Terra aos homens de boa vontade.

Glória ao Senhor Deus Sabaót, Adonai, El-Elohim, Criador do Céu e da Terra, das coisas visíveis e invisíveis.

Glória a Deus Filho, Nosso Senhor Jesus Cristo.
Glória a Deus Espírito Santo.
Glória a Deus Uno e Trino. Santo. Santo. Santo.

Serafins, Espíritos puríssimos, chamas que ardeis em torno do trono do Altíssimo Senhor Deus, Pai, Filho e Espírito Santo.

Querubins, espíritos de luz ardente e pura, que derramais sobre o mundo o clarão de vossa sabedoria.

Virtudes, Troncos, Potestades, Dominação, Arcanjos e Anjos, Espíritos cheios de amor, de caridade, de coragem e de força, vontade, amor, caridade, ciência, a serviço de Deus.

Miguel, armado de espada de fogo, vencedor de Lúcifer, do Dragão, defensor da fé, comandante das hostes que militam contra as forças das trevas.

Gabriel, mensageiro do Espírito Santo, clarão que ilumina o Céu, lábios que traduzem as palavras de Deus.

Rafael, guia iluminado e prudente, que acende o clarão do amor divino nos corações humanos.

Ariel, consciência do bem, inspirador de justiça e de bondade, na mente dos homens.

Isarel, conselheiro e juiz no tribunal divino.

Arcanjos e Anjos de luz, eu vos reverencio e humildemente vos dirijo meu pensamento.

Santos Anjos, derramai vossa luz, vossa sabedoria, vosso amor, sobre as nossas almas, purificando-as, animando-as, encorajando-as, fortificando-as, ensinando-lhes a prática da caridade e do bem, a fim de que possamos, um dia, participar da glória que esperam aqueles que andam no caminho de Deus, Nosso Senhor.

Sede nossos guardiões, nossos defensores, nossos escudos, contra a investida das forças do mal. Tocai a mente dos nossos inimigos, para que não perseverem no pecado do ódio, da injustiça, da perdição.

Que o Santíssimo Nome de Deus seja ouvido e proclamado, no Céu e na Terra, por todos os séculos dos séculos.

(Rezar um Creio em Deus-Pai).

**N.B.** - Ao fim da invocação fazer o pedido da graça que se desejar, convindo repetir esta invocação nove dias seguidos, visto serem nove as hierarquias angélicas.

## Oração ao Anjo da Guarda

Em nome do Pai do Filho do Espírito Santo.
Senhor Deus, Todo-Poderoso, Criador do Céu

e da Terra, louvores Vos sejam dados por todos os séculos dos séculos.

Assim seja.

Senhor Deus, que por Vossa imensa bondade e infinita misericórdia, confiante cada alma humana a cada um dos Anjos de Vossa corte celeste, graças Vos dou por essa imensurável graça. Assim, confiante em Vós e em meu Santo Anjo da Guarda, a ele me dirijo, suplicando-lhe velar por mim, nesta passagem de minha alma, pelo exílio da Terra.

Meu Santo Anjo da Guarda, modelo de pureza e de amor a Deus, sede atento ao pedido que vos faço Deus, meu Criador, o Soberano Senhor a quem servis com inflamado amor, confiou à vossa guarda e vigilância a minha alma e meu corpo; a minha alma, a fim de não cometer ofensas a Deus; o meu corpo, a fim de que seja sadio, capaz de desempenhar as tarefas que a sabedoria divina me destinou, para cumprir minha missão na Terra.

Meu Santo Anjo da Guarda, velai por mim, abri-me os olhos, dai-me prudência em meus caminhos pela existência. Livrai-me dos males físicos e morais, das doenças e dos vícios, das más companhias, dos perigos, e nos momentos de aflição, nas ocasiões perigosas, sede meu guia, meu protetor e minha guarda, contra tudo quanto me cause dano físico ou espiritual. Livrai-me dos ataques dos inimigos invisíveis, dos espíritos tentadores.

Meu Santo Anjo da Guarda, protegei-me.

(Rezar um Creio em Deus-Pai, um Pai-Nosso e uma Ave Maria).

(In: *Anjos - O Anjo Nosso de Cada Dia*, Rolalyn Schepis, Editora Madras, 1995.)

## A ARTE DE VIVER

ARCANJO GABRIEL - Um dos mensageiros divinos pertencente às mais altas hierarquias celestiais. É o anunciador das revelações divinas à Maria, mãe de Jesus. Foi, também, mensageiro das informações dadas ao profeta Daniel. À ele é confiado, ainda, o encargo de anunciar o nascimento de João Baptista, precursor da boa nova, filho de Isabel e Zacarias. O Arcanjo Gabriel é muito cultuado pelos católicos e, segundo consta, respeitado até pelos maometanos.

> Eu sou Gabriel, emissário de Deus; fui enviado a ti para te dar estas boas novas...
>
> (Mensagem à Zacarias)

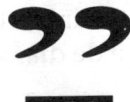

**A ARTE DE VIVER**

# Os Anjos de Todas as Igrejas

### O Corão

Verás os Anjos rodeando o trono, glorificando o Senhor.

### Prece da Igreja Ortodoxa Oriental

Roguemos ao senhor por um Anjo de paz, por um guia fiel, por um guardião de nossa alma e do nosso corpo.

### Prece Judaica

Que Miguel fique à minha direita e Gabriel à minha esquerda, diante de mim, Uriel e Rafael, e, acima da minha cabeça, a divina presença de Deus.

### Preces da Igreja Católica

Santo Anjo do Senhor, meu zeloso guardador. Se a ti me confiou a Piedade Divina, sempre me rege, guarda, governa e ilumina. Amém.

Anjo da Guarda, minha companhia, guardai a minha alma de noite e de dia.

## Oração à São Miguel

Hostes angélicas pelos Arcanjos lideradas,
Poderes celestiais e benfazejos.
Mestres da musicalidade da Palavra,
Grandes seres aos quais foi dada soberania
Sobre as esferas celestiais infinitas
Comandando os Querubins e os Serafins flamejantes,
Vós, Miguel, Príncipe dos Céus,
E vós, Gabriel, através do qual o Verbo nos é comunicado,
E vós, Uriel, grande Arcanjo da Terra,
E vós, Rafael, que ministrais a cura para os que ainda estão cativos,
Guiai nossos passos enquanto caminhamos
Em direção à luz eterna.

*Eusébio, 200 d.C*

> Entre no estado angélico alfa e comece a visualizar os anjos. Em pouco tempo, eles se farão visíveis na tela da sua imaginação.

*Terry Lynn Taylor*

(Escritora americana)

**A ARTE DE VIVER**

# Assinatura dos Anjos

Os egípcios da época faraônica consagraram Anubis como o Guardião das Forças Celestes. Os cabalistas aprimoraram os sinais e hieroglifos deixados nas escrituras sagradas e no interior das pirâmides e estabeleceram o que chamamos de Assinaturas", que servem de proteção por serem dotadas de efeitos benéficos. Uma proteção invisível contra qualquer risco proveniente do exterior — tanto mental, moral, como psíquico. Por essa razão, é aconselhável colocar a assinatura do anjo na porta de entrada de casa ou do estabelecimento comercial.

Tire uma fotocópia da assinatura correspondente ao seu príncipe. Escolha um lugar para colocá-lo na porta de entrada de sua casa ou então, guarde-o sempre próximo a você dentro de um saquinho vermelho.

Você pode também utilizar-se da força dos nomes dos anjos guardiões, agindo da mesma maneira. Escreva o nome do seu anjo e os de todas as pessoas que moram em sua casa. Coloque-os no batente interno da porta de entrada. Utilizando sua varinha de condão — seu dedo mediano —, escreva simbolicamente, em cima da porta, o nome de seu anjo guardião.

# Assinatura dos Anjos

*Metatron* - Príncipe dos Serafins

*Raziel* - Príncipe dos Querubins

*Tsaphkiel* - Príncipe dos Tronos

*Tsadkiel* - Príncipe das Dominações

# Assinatura dos Anjos

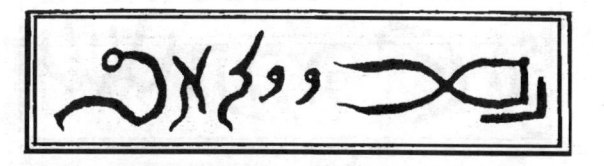

*Camael* - Príncipe das Potências

*Raphael* - Príncipe das Virtudes

*Haniel* - Príncipe dos Principados

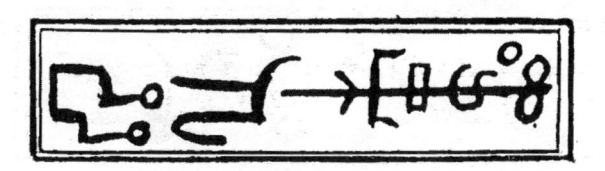

*Mikael* - Príncipe dos Arcanjos

# Assinatura dos Anjos

שתתרל

*Gabriel* - Príncipe dos Anjos

(In: *A Magia dos Anjos Cabalísticos*, Monica Buonfiglio, Editora Oficina Cultural Esotérica, 1994.)

## A ARTE DE VIVER

CHICO XAVIER - Médium e escritor paranormal brasileiro, seguidor e divulgador dos ensinamentos kardecistas. Nasceu numa pequena cidade do interior de Minas Gerais. É autor de, aproximadamente, 400 obras psicografadas em mais de 60 anos de trabalho mediúnico. Expressando-se em dois mundos: o material e o espiritual, tem levado paz e cura para muitas pessoas angustiadas e doentes. Chico Xavier é considerado um fenômeno espírita. (1910 - ).

> Jesus, Anjo entre os Anjos,
> desceu ao convívio dos homens,
> mais para dar do que receber;
> e não recorreu a nenhum subterfúgio
> para exonerar-se dos
> padecimentos pela cruz.

## A ARTE DE VIVER

# Os Anjos na Arte

A penas para ilustração, vamos informar aqui a representação de anjos nas principais obras de arte da humanidade. Nesses trabalhos, em geral pinturas, ressalta-se algumas características-padrão, como a função de ajudador, guarda, com rostos de crianças, asas e vestes voláteis. O arcanjo São Miguel é geralmente representado por um guerreiro romano, com espada e armadura, e grandes asas abertas.

Damos a seguir uma relação de autores clássicos que pintaram anjos, seja como guardiães, seja como anunciadores ou adoradores nas cortes celestiais:

— **Bosch** (1450-1516) - *O paraíso e Ascensão ao céu.*
— **Botticelli** (1444-1510) - *Virgem com Menino e um anjo; Virgem dos serafins; Anunciação; Virgem do Magnificat; Natividade mística.*
— **Del Sarto** (1486-1530) - *O sacrifício de Abraão.*
— **El Greco** (1541-1614) - *Anunciação; Alegria da santa aliança; Coroação da Virgem.*
— **Fillippo Lippi** (1406-1469)- *A anunciação.*
— **Fra Angélico** (1387-1455) - *Anunciação; A Madona, o Menino e os Anjos.*

— **Goya** (1746-1828) - *Nossa Senhora Rainha dos Mártires.*
— **Giotto** (1266-1337) - *Madona no trono; Anunciação de Santa Ana; Sonho de São Joaquim; Fuga para o Egito; O sonho da Virgem Maria.*
— **Da Vinci** (1452-1519) - *Batismo de Cristo; Anunciação.*
— **Manet** *(1832-1883) - Morte de Cristo.*
— **Paolo Caliari** (1528-1588)- *O sacrifício de Abraão.*
— **Pedro Serra** (séc. XIV) - *A Anunciação.*
— **Rafael** (1483-1520) - *Ressurreição; Coroação da Virgem; Madona de Baldaquim; Madona de Foligno;Visão de Ezequiel.*
— **Rembrandt** (1606-1669) - *Visão de Daniel; O Anjo e Tobias.*
— **Rubens** (1577-1640) - *Adoração dos pastores; A Virgem numa grinalda de flores.*
— **Simone Martini** (1284-1344) - *A Anunciação; Majestade.*

Outra belíssima representação de anjos-adoradores encontra-se nos mosaicos bizantinos da igreja da Hagia Sofia, em Constantinopla, de autor desconhecido.

(In: *Os Anjos Existem?*, Antonio Mesquita Galvão, Vozes, 1994.)

## A ARTE DE VIVER

JOHN MILTON - Escritor e poeta inglês. Mestre de Artes pela Universidade de Cambridge. Suas primeiras obras manifestam a contradição entre dois aspectos do autor: o artista sensual do renascimento e o homem puritano e combativo. Este último detalhe, herança advinda da educação protestante de orientação clássico-anglicana. Foi, também, um escritor político com destaque para a panfletagem. É considerado o maior escritor inglês depois de Shakespeare. Entre suas últimas obras escritas encontra-se: *Paraíso Perdido*. (1608 - 1974).

**"**

**O Querubim com um elmo e o Serafim com uma espada, são vistos em legiões brilhantes de asas abertas.**

**"**

## A ARTE DE VIVER

# Jesus, o Bom Carpinteiro

## Depoimento de um rico levita das proximidades de Nazaré*

Ele era um bom carpinteiro. As portas que fabricava nunca eram abertas por ladrões, e as janelas que fazia estavam sempre prontas a abrir-se ao vento do leste e do oeste.

E confeccionou arcas de madeira de cedro, polidas e duradouras, e arados e forcados fortes e dóceis à mão.

E entalhou estantes para as nossas Sinagogas.

---

*Esta história não é um estudo histórico; não é uma análise filosófica ou teológica: é uma evocação poética e humana do Mestre, na qual Gibran, usando uma fórmula original e todos os sortilégios de sua imaginação e de sua arte, pinta Jesus como o concebia e procura transmitir ao leitor todo o amor que lhe devotava.

Gibran fala pessoalmente de Jesus somente no último capítulo. Nos outros capítulos, faz falar dele, ficticiamente, 77 dos contemporâneos de Jesus, os quais falam dele como cada um o conheceu e compreendeu. Neste caso quem fala é um empresário de Nazaré.

Entalhava-as em amora dourada; e em ambos os lados do suporte, onde repousam os livros sagrados, esculpia asas abertas; e sob o suporte, cabeças de touros e pombas, e gamos de grandes olhos.

Tudo isso Ele fazia à maneira dos caldeus e dos gregos. Mas havia algo em sua perícia que não era caldeu nem grego.

Ora, esta minha casa foi construída por muitas mãos, há trinta anos. Procurei construtores e carpinteiros em todas as cidades da Galiléia. Todos possuíam a perícia e a arte da construção, e fiquei agradado e satisfeito com tudo o que me fizeram.

Mas vinde cá e olhai duas portas e uma janela que foram feitas por Jesus de Nazaré. Em sua estabilidade, elas zombam de tudo o mais que existe em minha casa.

Não vêdes que essas duas portas são diferentes de todas as outras portas? E essa janela que abre para o leste, não é diferente das outras janelas?

Todas as minhas portas e janelas são atacadas pelo tempo, menos aquelas que Ele fez. Só elas se mantêm fortes contra os elementos.

E olhai essas traves, como Ele as colocou; e esses pregos, como partem de um dos lados da madeira e ficam firmemente seguros no outro lado.

E o mais estranho é que esse trabalhador que merecia o salário de dois homens não recebeu senão o salário de um homem só; e é considerado agora um profeta em Israel.

Soubesse eu então que aquele jovem com serrote e plaina era um profeta, ter-Lhe-ia pedido para antes falar do que trabalhar, e então ter-Lhe-ia pago em dobro por Suas palavras.

E agora tenho ainda muitos homens trabalhando em minha casa e meus campos. Como distinguirei do homem que tem sua própria mão na ferramenta o homem sobre cuja mão Deus coloca Sua mão?

Sim, como reconhecerei a mão de Deus?

(In: *Jesus, o Filho do Homem*, de Gibran Khalil Gibran, Editora Civilização Brasileira, Rio de Janeiro, 1965.)

## A ARTE DE VIVER

**MARTIN CLARET**
- Empresário, editor e jornalista. Nasceu na cidade de Ijuí, RS. Presta consultoria a entidades culturais e ecológicas. Na indústria do livro inovou, criando o conceito do livro-*clipping*. É herdeiro universal da obra literária do filósofo e educador Huberto Rohden. Está escrevendo o livro *A Viagem Infinita — Novas Tecnologias para a Atualização do Potencial Humano*. (1928 -   ).

> *Os Anjos são entidades objetivas e subjetivas que vivem em nosso mundo mental.*

## A ARTE DE VIVER

# Leonardo da Vinci
### (1452-1519)

Leonardo da Vinci, nascido em 1452, herda o patrimônio de todas as aspirações do século XV e marca o Alto Renascimento chegando às suas conclusões enciclopédicas. Arte e Ciência se entrelaçam como atividades intelectuais: o artista e o sábio são uma só pessoa. Na área específica da pintura só se pode compreender Leonardo a partir de Verrochio. Florentino de pura cepa, Leonardo irradia uma influência na Itália do norte, na escola milanesa. A expressão do modelado, o sutil duelo da luz e da sombra, levam-no ao *sfumato*, forma peculiar do claro-escuro, que em vão os seguidores tentarão imitar. Leonardo, havia de fato alcançado as mais altas possibilidades do espírito.

Uma das particularidades mais notáveis acerca de da Vinci é que ele acreditava ser capaz de entender tudo. Toda a vastidão do universo, das asas de uma libélula à gênese do próprio planeta, era a paixão de sua fenomenal inteligência. Leonardo da Vinci permanece o homem mais genial de todos os tempos.

## Datas principais

**1452** - Nasce a 15 de abril, em Vinci, vinte e quatro quilômetros a leste de Florença.

**1469** - A família muda-se para Florença; Leonardo entra para o *atelier* de Verrocchio.

**1472** - Torna-se membro da Guilda de São Lucas.

**1481** - Março: encomenda para retábulo de altar de San Donato a Scopeto (*Adoração dos Magos*; provavelmente, il. 11).

**1482** - Vai para Milão.

**1491** - 17 de maio: cavalo de Sforza (il. 38) pronto para fundição.

**1497** - Junho: *Última Ceia* (il. 20) quase acabada.

**1499** - Deixa Milão.

**1500** - Em Mântua (fevereiro), Veneza (março); de volta para Florença (abril).

**1503-5** - Trabalhando na *Batalha de Anghiari*.

**1506-13** - Principalmente em Milão, mas com visitas à Florença, em parte por assuntos pessoais e familiares.

**1507** - 26 de agosto: alteração do contrato para a *Virgem dos Rochedos* (il. 24).

**1508** - 12 de setembro: nota sobre a causa da

morte nas pessoas de idade; registro da dissecção de *il vecchio* no *spedale* de Santa Maria Nuova, em Florença.

**1510** - 21 de outubro: na Catedral de Milão para o projeto dos assentos do coro.

**1513** - 24 de setembro: deixa Milão; 10 de outubro, em Florença; 1º de dezembro, em Roma.

**1514-16** - Fixado em Roma, mas fazendo freqüentes viagens.

**1515** - Em Florença. Projeto de um palácio para Lorenzo di Piero de Medici.

**1517** - 17 de janeiro: em Romorantin com Francisco I, para projeto de um palácio real. 10 de outubro: mostra ao Cardeal de Aragão três pinturas: um retrato de uma dama florentina feita por Giuliano de Medici, um jovem *São João Batista* (quase certamente, il. 31) e a *Santa Ana* (il. 29).

**1519** - 23 de abril: última vontade; morre a 2 de maio.

## A ARTE DE VIVER

# Última Mensagem

Este livro-*clipping* é uma experiência educacional. Ele vai além da mensagem explícita no texto.
É um livro "vivo" e transformador.
Foi construído para, poderosamente, reprogramar seu cérebro com informações corretas, positivas e geradoras de ação.
O grande segredo para usá-lo com eficácia é a aplicação da mais antiga pedagogia ensinada pelos mestres de sabedoria de todos os tempos:
A REPETIÇÃO.
Por isto ele foi feito em formato de bolso, superportátil, para você poder carregá-lo por toda parte, e lê-lo com freqüência.
Leia-o, releia-o e torne a relê-lo, sempre.
Invista mais em você mesmo.
Esta é uma responsabilidade e um dever somente seus.
Genialize-se!